나비의 혀

문학과사람 시선 035

나비의 혀
문학과사람 시선 035

초판 1쇄 발행 | 2025년 8월 12일

지 은 이 | 박계업
펴 낸 이 | 김광기
펴 낸 곳 | 문학과 사람
등록번호 | 제2016-9호
등록일자 | 2016년 7월 22일
주　　소 | 경기도 시흥시 하상로 36 금호타운 301-203
　　　　　서울시 마포구 성미산로 1길 30, 2층
대표전화 | 010-8773-8806
전자우편 | poetbooks@naver.com
홈페이지 | http://cafe.daum.net/yadan21

ISBN 979-11-93841-40-2 03810

값 12,000원

* 이 책은 전부 또는 일부 내용을 재사용하려면 저자와 '문학과 사람'의 동의를 받아야 합니다.
* 이 도서의 국립중앙도서관 출판도서목록은 서지정보유통지원시스템 홈페이지(http://seoji.nl.go.kr)와 국가자료공동목록시스템(http://www.nl.go.kr/kolisnet)에서 이용하실 수 있습니다.
* 이 시집은 교보문고와 연계하여 전자책으로도 출간됩니다.
* 본문에서 페이지가 바뀌며 연 구분 공간이 있을 때에는〈표기를 합니다.

나비의 혀

박계업 시집

■ 시인의 말

　삼십오 년 동안 아이들을 가르치다가
　퇴직 후 얼치기 농사꾼으로 틈틈이 글을 써왔다.

　세 번째 시집을 내면서
　지극히 개인적인 언어로 세상의 보편성과 소통할 수 있을까 하는 물음을
　오랫동안 붙들고 있었다.

　소풍 전날 설렘으로
　심심할 때 읽을 수 있는, 습자지처럼 찢어지는 글을 쓰고 싶었다.

　보는 것과 만져보는 것과 맛보는 것이 다르듯
　생각하는 것과 말하는 것과 쓰는 것은 다르다.
　글을 쓰다 보면 글 같지 않은 글을 쓰는 경우가 있다.

이런 오류를 면하기 위해서 더디더라도
깊은 사유와 성찰을 통해 찌꺼기를 으깨고 걸러내는 고통을 감수해야겠다.

많은 글이 썩은 어금니 사이로 빠져나가는 잔소리 같아 두렵다.
연결되지 못한 단어 사이로 욱여넣은 밀가루 반죽 같아 아쉽기도 하다.

날새기라는 물고기가 잠드는 밤,
눈 크게 뜨고
내면의 수런거림에 다시 집중하자.

− 2025년 선업당(善業堂) 다락방에서
  박계업

■ 차 례

1부

옻시암 – 19
사비, 저물지 않는 이름 – 20
빈집 – 22
어머니 – 24
마른 젖꼭지 증후군 – 26
어머니의 요강 – 28
호박꽃이 주인이다 – 31
우물 – 32
절망의 아침 – 34
냄새의 기억 – 36
달빛 두렁콩 – 38
시암골, 기억의 산등성이 – 40
동티 – 42
몸살 – 45
쥐털이슬 아버지 – 46
꽃뫼 가는 길 – 48
십자가 – 50
멈춰버린 사이렌 – 51
늙은 감나무 – 52
산유화야 산유화 – 54

2부

첫 입술 - 59
너를 만난 순간 - 60
머리맡에 선 당신 - 62
섭동 - 64
돌멩이의 대답 - 66
쑥스러운 오후 - 68
봄이 긁고 간 자리 - 69
실레골 생강 향 - 70
안반데기 다짐 - 72
나직한 약속 - 74
할머니 응원 - 76
흩날림에 기대어 - 78
빈 그네 낡은 기억 - 80
억새 - 82
그날이 올 것 같아서 - 84
꿈을 꾼 죄 - 86
비린내를 핥는다 - 88
텅 빈 하루의 얼굴 - 90
보드라운 쌀쌀함 - 92
부를 수 없는 이름 - 93

3부

무섬에서 – 97
나비의 혀 – 98
연꽃의 사유 – 100
원대리 자작나무 숲 – 102
하산 – 104
고요를 낚다 – 106
겨울, 황간역 – 108
허당 집 – 110
하늘하늘 쉼터 – 112
곰배령 야생화 – 114
파랑의 시간 – 116
물메기 – 118
불면의 바다 – 120
광막한 폐허 – 122
판교역, 그림자에 묶여있는 기차 – 124
흐르는 강물처럼 – 126
봄날 우체통 – 128
새벽을 깨우는 손 – 130
코스모스 – 132
달콤한 쓴물 – 134

4부

얼치기 농사꾼 — 139
없었던 일로 하자며 — 140
지금은 나설 때가 아니지 — 142
잠들기 전 낫을 갈며 — 144
바람이 온다 — 146
하굿둑에서 — 148
집어등 아래서 — 150
그 흔한 방개는 어디로 갔을까 — 151
회색 경계에서 — 154
불의(拂意) — 157
삼복의 똥개들에게 — 158
거대한 감옥 — 160
우금티, 기어이 넘어야 할 고개 — 162
청명에 남한산성을 오른다 — 164
부엌새를 추억하며 — 166
저도 이 마음 알까 — 168
살아남은 자의 고백 — 171
비루한 기억의 날들 — 174
너의 빈 의자 앞에서 — 176
세월 3호, 날지 못한 나비 — 178

■ **해설** | 김광기(시인, 문학과사람 발행인) — 183

1부

옻시암

고등어 등판 같은
갈맷빛 시암골 옻시암

얼음보다 차가운 물결이
옻 오른 살결 씻겨주던

네 살 적
누나 따라 찔레꽃 따러 갔던
산골짝
시암 물에 둥둥 떠 있던 몸뚱어리
놀란 누나 가슴 쥐어뜯고

외딴집 마루에 누워
젖은 숨 몰아쉬며
물 토하던 봄날

어린 눈동자에 비친
누나의 파란 얼굴
환갑이 지났어도
파도처럼 아른거려.

사비, 저물지 않는 이름

사비,
그 이름부터 꽃물이 흐른다.
시간의 귀퉁이를 감싸 안으며
사람들은 사라지고 기억만 남았다.
부소산 오르던 늦봄,
바람이 말했다.
이 언덕은 언젠가 누군가의 등짐이었다고
저 아래 강가 작은 모래밭에도
무너진 왕국의 심장이 뛰고 있다고
한 송이 고란초 앞에서
꽃잎을 만지며, 문득
기억할 수 없는 이름들을 떠올렸다.
백제는 지지 않았다.
다만 저물었을 뿐
지금도,
강물은 흐른다.
백마강 모든 물을 퍼마셔도
그날의 목마름을 달랠 수 없지만

기억을 안고, 잊히지 않으려 흐른다.
부소산은 묵묵히 지켜본다.
사라진 것들의 안타까운 궤적을
내가 태어난 곳의 고요한 존엄을.

빈집

시꺼먼 툇마루는 벼락 맞은 대추나무처럼
단단했으나 틀어져 있다.
잡아당기면 목쉰 수탉처럼 삐걱거리는
지그린 문짝 사이로 놀란 거미줄이 출렁거렸다.
끊긴 수도꼭지는 푸른 녹이 끼어있고
찬장에 갇힌 이빨 빠진 사기그릇
허청에 매달린 옥수수 씨앗
너무 오래 기다렸다.
쉰내와 습내 가득한 부엌
솥단지 빼낸 아궁이에 깊고 묵직한 검댕
식은 아랫목에 누워 기침하던 아버지가 궁금하다.

찢어 늘어진 벽지
사방 벽들은 서로 쳐다보며
누군가를 기다리다
말을 건다.

식구들 웃음소리 듣고 싶어 숨죽인 저녁 마당

애꿎은 바람이 추억을 떠받친 코스모스를 흔들어 댄다.
이끼 낀 기와지붕에 고양이 새끼 치고
침 빠진 괘종시계 울지 않은 지 오래
깨진 댓돌 틈으로 계절이 빠져나가고
텅 빈 물두멍에 찬바람만 드나들었다.

빈집은
바람이 먼저 알아
담장을 허물고 지붕을 부수고
세간살이 까발리고 묵은 냄새를 토해낸다.
자란 풀이 숲을 만들어
별보다 많을 사연을 묻어버린 지금
별빛도 꺼져버린 먼 훗날
사금파리 한 조각 건질 수 있을는지.

어머니

낡은 유모차 밀고
기저귀 찬 채
노치원 가는 어머니
세월 돌아 다시 아이로 돌아가는
생애 쳇바퀴

다리 힘 빠지니
세상 모든 게
지팡이로 보인다며

늙은이 사리마다는 노을빛에 말려야
살 안 베고
젖은 신발은 잔잔한 달밤에 말려야
저승길 편하다나

"눈 뜨기처럼 쉬운 게 또 있을까?"
하시다가도
"눈을 뜨는 일처럼 어려운 것도 없지"

혼잣말로
구시렁대던 어머니

"엄니 뱃속이 젤인다…"
아궁이 앞에 쪼그려 앉아
불꽃보다 더 따뜻한 손으로
내 손을 덥혀주시던
마른 고사리 같이 오그라진 손가락.

마른 젖꼭지 증후군

운동회 날,
젊은 엄마들이 깃발 들고 뛰는 걸 보면
나는 목이 말랐다.
쉰넷의 아비와 마흔여섯 어미로 태어난 무녀리
처음부터 빈 젖
철들었으나
열 살이 되도록 쭈그러든 젖꼭지 빨아대던

봄 가뭄 심하던 어느 해,
냇둑에서 두레 물 퍼 올리던 어머니
말라버린 젖꼭지 움켜쥔 채
사람 다가오면 숨기고
지나가면 다시 꺼내 물던 젖꼭지
젖이라기보다
노리개였고
안심의 부스러기였으며
혼자만의 평화였다.
〈

때로는
냄새로 허기를 달래듯
늙은 부모와 촌스러운 고향이 자랑스럽다.
지금도 우뚝한 것을 빨아대는
공갈 젖꼭지 버르장머리
누구는
마른 젖꼭지 증후군이라 불렀다.

누나는 놀려댄다.
공부 못하는 이유가 오랫동안 젖을 빨아서라고.

어머니의 요강

이른 아침, 초인종 소리에
파자마 바람으로 문을 여니
모자를 삐딱이 눌러쓴 관리소 아저씨,
내 몸을 훑으며
"어머니 좀 잘 챙기시죠"
도대체 무슨 일이냐 묻자
화단에 꽃을 뽑고 밭을 일구셨단다,
죄인처럼 머리를 조아리며
미안하단 말만 되뇌었다.
현관문 닫고 돌아서
부아를 참으며 어머니께 지청구를 퍼부었다.
귀 어두운 어머니
눈만 끔벅, 말이 없다.
그날 밤
퇴근길 허름한 꽃모종 사 들고
뉴스가 끝난 시간 조심스럽게 꽃을 심었다.
며칠 후 식탁 머리에서
"테니스장 옆 철망은 괜찮더라"라며

호박을 심었다고 말씀하셨다.
소금기에 말라 죽을 텐데 생각하며
나는 말 없이 숟가락을 들었다.
다음 날, 다시 초인종 소리에
현관문을 열자 부녀회장이 눈을 흘기며
"엘리베이터 냄새 때문에 못 살겠다."
어머니가 요강을 품에 안고 새벽마다 타신다고 쏘아붙였다.
범인을 잡겠다고 며칠을 뜬눈으로 지냈단다.
나는 고개만 숙인 채
다신 없을 거라 말하고
부녀회장을 돌려보냈다.
출근길에
동네 창피해서 이사 가야겠다고 포악을 해댔다.

종일 머리가 무겁다.
"범인"이라니
관리소장도, 부녀회장도, 아들조차도

어머니를 향해 손가락질해대는 기막힘
지들은 밥 안 먹고 조상들은 땅 안 일궜나!
소변을 참고 퇴근했다.
테니스장 철망을 타고 오르던 여린 호박넝쿨 옆으로
은밀하게 오줌을 조준하다가
문득,
숲속을 뛰어다니다
동물원 우리에 갇힌
늙은 원숭이가 떠올랐다.

호박꽃이 주인이다

개울 건너 두 번째
배나무 그늘 밑
기억만 덩그러니 남은 고향 집
낡은 우체통 속 달팽이 춤
소나기 쓸고 간 마당엔
이끼처럼 눌어붙은 고양이 발자국
문패 하나 달렸다고 주인인가?
손님처럼 찾아온 내게
아랫집 텃밭에서 놀러 나온 호박꽃
주인 행세하네!
양해 구해
헛기침으로 거미줄 방문을 열고
아버지 안 계시면 논에 가셨겠지
어머니 안 계시면 밭으로 가셨겠지
기다리다 인사 못 하고 돌아서면
바쁘다는 핑계로 스무 해째 불효도 하고
올가을 벌초는 내 손으로 하겠다는
허튼 다짐도 하고.

우물

한밤중
방바닥에 귀를 대고 잠을 청하다.
우물 벽을 부딪치는 어머니 두레박 소리가 들린다.
돌 틈 푸른 이끼 사이로 맑은 물방울이 떨어지고
우물가 측백나무 사이로 서늘한 바람이 불었다.
마른 등에 짊어진 어머니 물지게
찰랑찰랑 물방울이 비탈길을 구르고
우물에 빠진 어둠은 거울 되어
어머니 헝클어진 머리카락을 흔들고 있다.

밤이면 우물을 바라보며
별을 꿈꾸던 앳된 얼굴
휘저어 한 움큼 퍼 올린 맑은 물
두레박 채 물을 마시면
우주의 기운이 솟아나고
두드러기 가려움도 잦아들었지만

가뭄 깊어

들판에 뿌리박은 깊은 관정
물은 늙은 수캐 거시기처럼 쪼그라들어
메워진 우물 터 늙은 측백나무 옆으로
녹슨 경운기
먼 기억을 회상하다
죄인처럼
덜덜거리며 서 있다.

절망의 아침

새 뚝 밭 가장자리에
탱자나무가 심어졌다.
가시를 송곳처럼 틔운 채
밭일마다 참견하는 보초병

어머니는
일손이 거슬린다며
베어달라 요청했지만
밭 주인은 요지부동

여름 어느
새벽 어스름
낫을 쥔 어머니
울타리로 향했다.

나무를 모조리 베어낸
다음 날
소리 지르며 쫓아온

밭 주인 노 씨,
피 묻는 조선낫 들춰내
겁주던 늙은 순사

지서로 끌려가는
어머니 뒤통수에
나와 아버지는
화를 내며 지청구를 해댔다.

식구들조차
등을 돌리던 절망의 아침

세상 떠난 지 오래
문득
하얗게 질린 어머니 얼굴 떠오르면
몸서리쳐진다.

냄새의 기억

푸른 하늘
늘어진 빨랫줄 사이로
어머니
하얀 광목 치마
만국기처럼 나부낍니다.

치마 안에는
식은땀, 눅진한 밥, 아궁이 연기
들에서 돌아온 아버지 발 냄새
땀 젖은 형의 교복
외양간과 돼지우리에 굳어버린 가축 냄새
월사금, 제사상, 장리 빚
온갖 냄새로 가득합니다.

삭은 빨랫줄 끊어진 늦가을
냄새는 바람 따라 흩어졌고
고단한 생각은 한 칸씩 비워졌지만
나이 들어 지워지지 않는,

오래 삭아 더욱 선명한
냄새의 기억은
쉽게 떠나지 않고
엉뚱한 골목에서
불쑥,
또 다른 향내를 불러옵니다.

달빛 두렁콩

부시맨들은 죽은 이를 세운 채 묻는다고
조상들이 머무는 달을 향해
곧게 걸어가라는
후손들의 겸손한 명령이다.

보리까락 날리고
어린 모 웃자라는
유월, 달빛 따라
저녁밥도 거른 채 들일이 한창이다.

조상들이 그랬듯
아버지는 두렁풀을 깎고
어머니는 두렁콩을 심고
나는 재를 한 줌 뿌리며 따라간다.

고맙고 아쉬운 달빛이
흘러내리는 논두렁
달빛 먹고 자란 콩들은

색깔도 푸르려나

고향 집 다락방
동쪽으로 창을 내어
들판을 훑으며 떠오르는 달을 바라본다.

두 조각 유리창 안으로
아버지는 어머니보다 스무 해쯤 앞서 풀을 깎고
어머니는 나보다 마흔 해 먼저 콩을 심고
나는 희미한 구멍에 재를 채우며
좇아가고 있다.

시암골, 기억의 산등성이

시암골은
어린 아버지
몽동발이로 자란 애달픈 역사가 있다.

기억 못 한 부모 얼굴 대신
참나무 그늘 웅크려 숨어있는 합장 모이
묘 등에 뿌리 내린 찔레 덩굴과 아카시아
철부지 어린 자식 가슴에 대못처럼 박혀
지우지 못한 흉터가 되었다.

엄마 돌아가시던 날
누나의 멀건 쌀뜨물
거침없이 흘러가는 살여울
동냥으로
처음 지어본 하얀 쌀밥
한 숟가락 넘겨보지 못하고 멎어버린 숨

추녀 밑 고드름 뚝뚝 부러지던 날

열다섯 시집가는 누나 손 잡고
여덟 살 아버지 나무 머슴 떠난 후
까맣게 잊고 있던 시암골
장성한 자식 앞세워 벌초 떠난 산등성이

향적산 줄기 뻗어 함지봉 아래
나무 팔러 가는 어린 아버지
슬픈 전설이 아른거린다.

동티

염을 끝낸 아버지는 취해 있었다.
장구동 문재 아버지 상갓집
집을 나서며 만삭의 배가 떠올랐다.
집까지 삼십여 리
어둠이 뒷덜미까지 몰려오고 있었다.
쉰넷 늙은 아비는
서둘러 발걸음 재촉하지만
저수지 솔밭길 바람은 거칠고
무넹기 낙차고 절벽은 아득한데
오줌은 자주 마려웠다.

섣달 열흘 찌뿌둥한 하늘
낮부터 들이친 진통이
밤까지 이어진다.
마흔여섯 늙은 어미는
냉기 가득한 골방에서 애를 낳았다.
간신히 갓난애를 구석에 밀어놓고
아홉 살 큰딸을 불러 물을 데우고 씻겼다.

다행히
외할머니는 미역국을 끓였다.

집에 온 아버지
방문 한 번 열어보고
이내 잠이 들었다.

환영받지 못한 태생
초상집 동티였을까?
홍역을 심하게 앓은 어린 생명은
목숨은 부지했으나
냇가에 내던져진 멍든 돌처럼
몸 구석 여기저기
버즘나무 껍데기 같은 흉터가 남았다.

아버지
술만 드시면
술기운 가득 찬 붉은 혓바닥으로

같은 말만 되풀이한다.

"파장에 쓸만한 물건 하나 건졌지."

오늘이
문재 아버지 제삿날이던가.
막내아들 생일날인가?

몸살

밤새 앓았다.
심한 열
꾀병 같지만

"아이고 엄니, 아이고 어머니…."
저승 너머
낯익은 이름 실컷 불러본다.

잊을만하면
그리움처럼 다가서는
몸살

어머니가 끓여주는
진잎 수제비 한 그릇이면
기침도, 서러움도
가라앉을 텐데.

쥐털이슬 아버지

함지봉 시암골
열한 살 형님은 애머슴 갔지만
여덟 살 동생 시집가는 누나 따라간다.
나뭇간에 마련한 잠자리
누나는 낯설고 동생은 슬프다.

눈칫밥 한 주먹
얼지 말라고 두엄자리에 파묻어
죽지 말자고 아침과 저녁에 씹었다.

두려운 건 마주침
익숙한 나뭇간과 두엄자리
나물 뜯으며 들판을 헤매다
임종까지 동행한 해소 기침
사시사철 쑥 바람 부는 무덤

귀 어둔 이웃집 노인네
예수 병원 가면 고칠 수 있다는 소문에
병원 가는 길

등짐 지고 하루 머슴 간다.
치료는 포기하고
예수 믿으라는 의사 처방
성경 읽던 노인네
예수만 믿으면 셋째딸을 주겠단다.

낫 놓고 기역 자도 모르지만
낫질은 선수
성경은 못 읽지만
찬송을 따라 하니
궁핍한 가정을 꾸민다.

막걸릿집 안주로 나온 늙은 말고기
구루마만 끌다 병든 몸
질긴 말고기 한 점에 장돌뱅이가 된
밤새 짠 가마니 지게에 지고
못 배운 설움 자식 교육으로 덮었다.

무지랭이 계곡 흰 쥐털이슬 같은.

꽃뫼 가는 길

옮겨 심은 단풍나무
뿌리 내릴 땅 낯설어
밤새 몸살 하는
중석 광산 아래로 개울이 흐르고
오래된 돌배나무 아래 붉은 양철집
야매로 이빨 치료하던 김 씨 아저씨
안녕하신지!

온밤 욱신거리던 어금니
은산장에서 꽃뫼까지
이십여 리
새 신은 발꿈치를 물고 늘어지는데
고름을 뱉어내며 아버지 손 잡고
걸어가던 한여름 자갈길

허가도 없이
입속 핏물이 덜덜덜 튀어 오르고
마취도 없이 흔들리는 대갈통

처음 느껴본 아픔과 죽음의 공포
진동이 끝나고 물 한잔의 안도감

햇빛에 벗어둔 뻣뻣한 고무신
잇몸처럼 흐물흐물
싱겁게
이빨 하나, 뽑혀 나가며
내 안의 유년이 끌려 나왔다.

매미만 자지러지게 울어대는 꽃뫼길
그 길엔 여전히
진통 중.

십자가

저녁놀 물든 하늘, 서쪽 끝자락
붉게 물든 구름 사이
조용히 솟아 있는 십자가
마을에서 제일 높은 곳
해는 늘 십자가에 매달려
하루의 끝을 고백했다.

외할머니 숨결 멎던 날
십자가는 그네 되어
천국으로 외할머니를 태워 보내고
가오리연 하나,
십자가 꼭대기에 걸려
기억의 꼬리로 흔들린다.

쪽문 틈새로 보이던 굴뚝 끝 십자가
눈감아도 언제나 그 자리
고향 떠나던 아침
가슴에 묻어둔 십자가
그 작은 흔적으로도
내 삶을 반짝이게 한다.

멈춰버린 사이렌

여름 몸살에
처음으로 학교를 결석하던 날
고요한 시간은 두려움이 되었다.
정오의 햇살
무서움으로 올라간 오포대

공회당 마당 가
동네에서 가장 높던 망루
능소화는 붉게 타올라
두 손 모은 나팔 꿈 하늘로 당기고
가만히 돌려보던 매끄러운 손잡이
풍경은 느리게 돌아가고

그 여름 끝
마을회관에 마이크가 설치되고
어귀마다 스피커가 달리자
오포대는 말없이 사라졌다.
아!
끊겨버린 사이렌 소리에
멈춰버린 어린 날의 아련한 추억.

늙은 감나무

하얀 계절을 견딘
마른 가지들아.
잎자리 꽃자리는 마련해 두었느냐.
터져버릴 상처는 각오했느냐.
향기와 빛깔도 정해뒀겠지!

꽃 진 자리
푸른 풋감이 맺으면
붉은 그리움 꽂아
주인을 기다릴 거야.

유월 흰 봉우리 속에서 은밀히
떫은 기억 삭혀두고
여름 붉은 해 훔쳐 와
달고 푹신한 홍시

바지랑대가 짧더냐.
내 키가 작더냐.

외할머니 가지 흔들면
허리띠 한 칸 늘어나고
하루를 버티던

할머니 다리처럼
반신불수 된 늙은 감나무
해마다 한쪽만 감이 열리고
비틀거리는 허공에
껍데기로 받쳐주는 죽은 삭정이
비바람에 꺾여지는 밤

갸륵하게
핏기없는 가지에
순이라도 돋으라고
산가지 녹색 이파리
팔랑거리며 응원한다.

산유화야 산유화

강 건너 풍장 소리
안개 헤치며 엿바위 돌아
소부리 상두꾼 상엿소리
구룡포를 지나간다.
가림성 망루 불 꺼진 지 오래
대조사 버꿍새도 잠이 들었다.

어둑새벽
패잔병들 신음소리
끌려가는 패전국 백성들

산유화야 산유화
얼카뎅뎅 얼카뎅이
메날이허자 메날이 혀
메날이허자 메날이 혀

성흥산 아낙네들 돌을 모으고
파진산 사내들 칼을 벼른다.

유왕산 할배들 활을 당기고
남당산 할매들 씨앗 뿌린다.

사비강은 서(西)로 흐르고
남은 자들 외침은 당(唐)을 향한다.

산유화야 산유화
얼카뎅뎅 얼카뎅이
메날이허자 메날이 혀
메날이허자 메날이 혀

고란사 새벽 종소리
부옇게 밝아오는 사비성
백강 윤슬 빛에
경치(魚)들이 뛰어오른다.

어긔야 둥둥, 어와 둥
어긔야 둥둥, 어와 둥

어옹들도 덩실덩실
소리 지르며 춤을 춘다.

2부

첫 입술

인드라여,
분노의 채찍을 더 세차게 휘둘러라.

음악이 끝나고
뇌우새가 울었다.
천둥 번개에
헝클어진 고요
번개 빛에 갈라진
선명한 입술은

분노한 살모사 콧바람보다 뜨겁고
사랑 중인 하루 꿀벌 입맞춤보다 달콤하며
싸움 난 망토고함원숭이 목구멍보다 시끄러웠다.

우주를 집어삼킨
첫
입술.

너를 만난 순간

스물네 시간
땀 흘리며 훈련한다면
하늘을
날 수 있을까?

일 년 열두 달
그렇게 연습한다면
정말,
하늘을 날 수 있을까?

차라리
풍선을
열두 개쯤 귀에 매달고
꿈을 꾼다면
모를 일이지.

하지만
연습도 없이

딱 한 번,
나는
솟구쳤지.

너를
만난 순간.

머리맡에 선 당신

햇살은
점령군처럼 침대를 포위했다.
회색 안개 고운 살결을 무니고
짙은 밤색 커튼마저 찢어내더니
두터운 유리 벽 틈을 비집고
옆구리에 비수를 꽂으며
목을 조르고 등짝을 갈긴다.

결박된 어둠의 지껄임으로
군시러운 새벽,
수선스러운 대지의 기지개 위로
숨죽이던 색깔들이
텅 빈 골목에 튀어나와
소리 지르며 춤추기 시작하는
하루의 첫

굶주린 벌레들 아우성
떠날 채비로 분주한 새

꿈꾸다 서둘러 도망치는 별 무리
소들은 들판으로 향하고
사뿐히 감꽃 떨어지는
유월 아침

경건한 눈부심
어렴풋이
당신의 따스운 손 잡으며
아침마다
머리맡에 선 당신을
올려다볼 수 있기를.

섭동

꿈결보다 선명한 그 이름
별빛 창가에 어른거리는 얼굴
한밤중 숨결을 가르며

메마른 초원에 비 내린다는 전갈처럼
반가운,
번개처럼 달려온 너의 안부

나뭇잎 사이로 찢겨 나오는 아침 햇살
정오의 오포대, 저녁 소쩍새
모든 소리가
너의 노랫소리로 들려

몸을 흔든다.
소리를 지른다.
허공을 차올린다.

너라는 소식 하나로

주체할 수 없는 기쁨
세상이 휘청거린다.

사랑하는 것과
사랑받는 사이
우주의 진동이
살갗을 스친다.

돌멩이의 대답

자작나무 그늘에 술잔 기울이던 어른들이
순록의 맑은 눈동자를 이야기하다
뿔뿔이 흩어지던 석양 무렵
호숫가 아이들은 누렇게 익어가고
물결은 붉은 칼날 되어 눈동자를 찌른다.

오직 어둠만 존재하는 검은 숲

세상에서 가장 그리워 아름다운
얼굴에는 절망의 냄새가 피어나고
하얀 신기루 곁으로 찬바람이 몰려왔다.
추위나 어둠보다 견디기 힘겨운 쓸쓸함
빈방에 불을 켜는 두려움

그와 만남은
바이칼 여름처럼
짧고 허망한
그래서 더 슬프고

오래 기억되는 아련함
타이거 숲 너머로
툰드라 작은 부추 꽃잎이
하룻저녁에 시들어가는
여분 없는 사랑

지금쯤
얼음 호수에 올려놓은 돌멩이는
바닥에 닿았을까?

쑥스러운 오후

당신과 함께
아버지 산소 아래
소나무 가지를 치다가
슬그머니
숨겨둔 막걸리 한잔하는데
안주는 뭐로 하지, 묻기에
당신 사랑이면 족하지

쑥스러운 얼굴 술잔에 가리고
싱싱한 바람 향해 단추를 풀지만
가슴만 화끈화끈

흔들리는 건
당신 눈동자인지
날름거리던 내 혓바닥인지
분간이 안 되던 오후.

봄이 긁고 간 자리

잎보다 먼저 피어난 꽃들아.
꽃보다 눈부신 이파리들아.
그림자마저 흔들리는 봄바람에
군시러운 지난밤은 잘 지냈니?

나부끼며 인사하던 수양 가지 아침이면
너의 손결이었을까.
밤새 긁적대던 옆구리도
조금은 시원해졌어.

기척으로 다가오는 봄
산그늘 어른거리는 작은 연못에
우그린 도롱뇽 알 탱글탱글 숨을 부풀리고
햇살 가린 바위 사이로
봄이 긁고 간 자리
비둘기 한 쌍
몸을 비틀고 있었지.

실레골 생강 향

생강나무
노란 꽃잎 그림자 사이로
난분분
가루눈 흩날리는
실레골 사월

계절의 경계에서 당황하는 초목들
피고 지는 때를 보지 못해
있으나 마나 한
숲속의 비밀

봄소식 먼저 불러놓고
삼지창 잎 쑥 내밀어
떨어지는 산벚꽃까지 배웅하더니
하늘하늘 눈을 감네

남녘에 핀 동백꽃 이름 하나
슬쩍 훔쳐다 개동박,

사치스럽지 않게
반들반들 머릿기름 대신
가슴에 생강 향 가득한 점순이

겸손하고도 처연하게
숲 어귀 그늘 속에서
이름조차
남기지 않은 채
향기만 남았다.

안반데기 다짐

고개 하나 넘자
어둠이 먼저 길을 잡았다.
허둥지둥 내려앉은 밤

구름 뒤에 숨은 달빛
간간이 흩어지는 안개
산모퉁이 창문 너머
낡은 풍금 소리가 들려온다.

나뒹구는 무들이 통통하게 반짝이고
별 오줌 머금은 푸른 배춧잎들이
밤바람에 나풀거린다.

죄없이
은하수 주차장에 끌려 나온 별 무리
구름 어깨에 메인 멍에 고지 너머로
우주에 차려진 만찬
내버려 두면 도망가 버릴 것 같은

초조한 하늘

말라붙은 시간
붉은 입속에 허연 입김처럼
드러내지 못하고 삼켜버린 지난날
기대조차도 뿌연 안개 속
아득하고 흐리멍텅한 생애

별빛보다 선명한 내일을 갈망하며
밤하늘에 외쳐본다.
고통이 기쁨 될 때까지
기다림이 열매 맺힐 때까지
목구멍 떨림이 별을 흔들어
세상이 주름져 휘어지도록.

나직한 약속

반딧불이처럼
비행기 두 대
은하수를 헤치고 지나간다.

어릴 적
뒷마루에 누워 쳐다본 하늘
별똥별을 따라
강변을 헤매던 여름밤

별은
아버지가 되겠다는
나직한 약속

이제
딸의 안부에 조바심 대며
희미한 안드로메다를
어쭙잖은 망원경으로 들여다본다.
〈

별도,
희망도
도시 불빛에 가려
흐릿해진 지금

단 하나,
별이 빛나는 밀엄산
푸르스름 하늘 아래
별을 쫓던 소년은
묵직한 산이 되었다.

할머니 응원

십자가 비낀 언덕 끝
바람에 흔들리는 나뭇가지에
할머니, 그네 하나 매달았네.
기우는 햇살에 등을 맡겨
아이의 기억,
붉게 번지는 무늬로 남기고

혼자 깨어 밤을 지새다
소쩍새 울음 속에 눈을 감으면,
올빼미 창으로
별 하나 툭,
은하수 건너
반딧불이 춤추는 꿈이 와.

지붕 위 동그란 유리창
소복소복 눈 내릴 때
하얗게 열린 끝 세상,
오로라 숨 쉬는 나라에서

작은 눈사람 하나
내일의 꿈을 숨겨 품네.

먹구름이 누운 다락방
가만히,
두려움과 마주 선 시간에
할머니, 웃으면서 응원하지.
"환히 웃어야, 어둠도 길을 내준단다."

흩날림에 기대어

바람에 떠밀려 엉겁결에 도착한 섬
갈라진 물살 들여다보기 두렵고
푸른 고요는 정갈해서 먹먹하다.

골목 끝 바다와 맞선 마지막
하얀 담벼락 선율
엘리제를 위하여 손가락은 돌아가고
아직은 앳된
소녀의 앞모습이 궁금하다.

바람이 숨 돌리는 시간
나풀거리는 뒷모습
구멍 난 돌담 너머 들여다보지만
흩날리는 머리카락만
손가락 사이로 새어 나왔다.

밀물과 썰물이 힘겨루는 동안
건반이 닫히고

가득 찬 햇빛 속
남은 건
정오의 적막뿐.

빈 그네 낡은 기억

해거름 녘 갯벌은
검은 흙 속에 꽂힌 붉은
눈부심으로 눈을 뜰 수 없다.

골목길 함성은
사라진 노을처럼 고요하고
운동장 낡은 그네만
녹슨 시간에 삐걱댄다.

숭숭 뚫린 돌담 사이를 빠져나가는 것은
바람인가, 기억인가
시간은 떠나기보다 몸에 쌓여
육신은 무겁고, 생각은 진중하니
죽음에 이르게 한다.

산 밑자리 남새밭 돌들은
밤마다 오줌을 싸는지
푸르고 싱싱한 채소가 밀물처럼 넘실거렸다.

〈
오월, 어린 상춧잎 솎아내
붉은 고추장에 노란 들기름으로 보리밥 비비던 오후
한 숟가락 입에 넣다
바다 나간 어머니 생각에 눈물만 훔쳐대던,

아이들 웃음소리 끊긴 지 오래
한 주에 두어 번 왔다가는 빈 연락선
이번 명절도 대처 아들 집으로 가야 하는지
걱정만 앞서는 할머니

해지는 제방 길에
허리 굽은 그림자 싣고
느리게
무거운 유모차 밀고 간다.

억새

어둠 짙은 땅속
마디마디 조잘거리는 삭은 말들
움켜쥔 이야기 긴 잎사귀로 토해내며
하늘하늘 솜털로
방랑 떠나는 시간

가슴 먹먹하다.
하찮은 검불이
굳은 마음을 깨우는 까닭은 무엇일까!

노을보다 먼 하얀 서걱임
바람이 전하는 묵은 그리움
억새의 친구는 오로지 외로움이며
거름은 석양빛이다.

몸짓은 저승으로 떠나라는 이별의 손나발
흔들림 사이로 언뜻언뜻 붉은 하늘이 보이지만
휘어진 고개는 늘 강 건너를 향한다.

〈
새순 돋을 때까지
바람을 견디며 버티는 흰 순
겨우내 갈색 피를 흘리지만
같은 상처가 하나로 포개지면
녹슨 뼈대에서
푸른 희망이 솟는다.

억새잎 속에는 계절이 아른거리그
억새꽃 속에는 노을이 머물고
흩어진 홀씨 속에는 전생이 떠다닌다.

그날이 올 것 같아서

도시와 시골의 경계에서
얼치기 농사꾼으로
숨 쉬고 살아요.

우연히
폐타이어 틈에 날아든 채송화 씨앗처럼
꽃도 피우지 못한 채
흔적도, 의미도 없이 지나가는 하루

바람 불어도
소리 한 점 내지 못하는 풍경처럼
허깨비 같은 날들

봄날 오후
고양이 하품 같은
얼렁뚱땅, 대충대충, 설렁설렁
반거충이로 살고 있어요.
〈

그래도
비가 내리면
창가에 매달린 소라껍데기에서
파도 소리를 들으며
깊은 밤
별 하나 불러내
이름 붙이고 시간 보내지요.

가끔은
그날이 올 것 같은
꿈을 꾸면서.

꿈을 꾼 죄

씨눈을 남긴 감자 한 조각
기억처럼 잘라내
검은 재 바르고
흙 이불 덮어 묻어두었다.
푹 자되 꿈은 잃지 말라고

어미의 희생은 거름이 되어
어둠 속에서 꿈이 솟아오르고
푸른 촉으로 돋아났다.
부끄러운 듯 흙을 열고
햇살에 귀를 기울이며
바람의 자장가를 들었다.

푸른 숨결 하나, 둘
말없이 번져나가고
마침내,
얼굴보다 큰마음들이
땅속에서 조용히 부풀었다.

누구도 몰랐던 그 자리,
가난한 식탁 위
한 줌의 따뜻함이 되기까지
이 모든 시간은
단 한 번,
꿈을 꾼 죄였다.

올겨울도 찬바람 속에서
꿈은 안녕하신지!

비린내를 핥는다

찌뿌둥하게 비가 내린다.
한때, 폭포처럼 튕겨 나가던 청춘도
겨울 갈대처럼 흐느적거리는
마른 개울이 되었다.
기운 빠져 짜부라든 가슴에
횡하니 자리 잡은 건 아쉬움뿐

빗방울 튀어 오르는 마루에 걸터앉아
풋나물에 막걸리를 마신다.
취기나 허기를 달래기 위해 마시는 게 아니다.
되살아나는 그리움 때문이다.

탱자꽃 피는 저녁
봄비가 내리면
울타리만 젖는 게 아니다.
물먹은 그리움이
습자지처럼
속절없이 찢어진다.

〈
빗소리에 엎드린 새벽
취한 마음으로 편지를 쓴다.
맑은 연못처럼 훤한
민망한 문장들
버려야 할지, 보내야 할지

봄비처럼
금세라도 누군가 들어설 것 같아
우산을 들면
우중충한 하루가
비린내를 풍기며 지나간다.

텅 빈 하루의 얼굴

헛다리 짚으며,
흐물흐물 일어선 새벽
빈 종소리처럼 메마른 목구멍에
쓸쓸하니 한 숟가락 찬밥 넘어가면
그림자로 채워진 거울 앞에 쭈그려 앉아
텅 빈 나를 밀어내며
오늘이라는 하루의 얼굴을 쳐다본다.

앙상한 허벅지에 말라붙은 푸른 심줄
마른 이끼처럼 바스러지고
꾸역꾸역 기어 나오는 시간이
구질구질하게 더디기만 한 하루
마루 밑에 드나들던 한 줌 햇볕에
남은 웃음마저 말라간다.

연기조차 뿜지 못하는 빈 굴뚝
솜이불 같은 적막이 내려앉는 밤
얼핏 잠든 설핏 꿈에

어머니 굽은 손가락이
내 손톱을 깎고 있다.

언 듯
먼 산 아버지가
손짓하는 것도 같고

다시
눈을
떠야 하나,
성가신 생각도 든다.

보드라운 쌀쌀함

쓸쓸하니.
겨울 바다
흰 모래 위에 검은 바위만 남기고
미역 냄새 풍기며 눈이 내렸다.

파도에 멍든 소라고둥은
긴 신음을 토했고
허리 굽은 방파제 소나무 사이, 불빛 몇 점
간판 너머로 번져
바닷물 위로 떠다닌다.

저 몽글몽글 저녁 구름
보드라운 쌀쌀함이
기분 좋은 바람 타고 흩어질 때

엄마, 아빠 손 그네 타고
백사장 뛰던 아이 웃음소리
파도보다 오랠 흔적을 남겼다.

부를 수 없는 이름

당신이 꽃밭에 물을 주는 시간
지구는 흔들렸고 날이 저물었다.
분홍 꽃잎 속 주름진 붉은 잎맥이
낡은 힘줄을 조이는 순간
푸른 조로 안
맑은 물은 하얀 거품으로 말라갔다.

어둠 든 꽃밭에도 향기는 있었으나
찬바람에 꽃밭을 나서야 했고
나뭇가지 그림자 어른거려 어수선한 밤
아궁이
노란 장작불 속에 갇힌 파란 불꽃이
당신의 검은 눈동자를 녹여 내렸다.

좁고 긴 트럼펫 귓구멍 속에서
귀뚜라미 울고 있다.
보이지 않는 것보다
부를 수 없는 당신을 원망하면서.

3부

무섬에서

굽은 강 건넌 늙은 바람이
돌담 끝 버드나무 가지 아래 햇볕을 쬐다가
초가집 마당 가 낡은 빨랫줄에 걸린
고단한 홑적삼을 말리고 있다.
해는 천천히 비탈지고
기와집 추녀 밑 어둠 핥던 허기진 바람이
병풍 뒤 초서체로 틀어박혀 제사상을 노리다가
삼경의 헛제삿밥을 먹고 있다.
임진년
문풍지 떨던 지엄한 울림은 간데없고
솟을대문 굳게 잠겨
짚신에 번들대던 문지방은 허연 먼지뿐
문틈
허물어진 대문간에
평교자 가마 대신 바퀴 빠진 경운기 혼자 투덜댄다.
외나무다리에 부딪힌 바람은
강바닥으로 소용돌이치고
강물에 떠밀린 금빛 모래만
바다로 떠날 채비로 분주하다.

나비의 혀

졸린 듯, 만 듯 흐물거리는 그림자
산수유 성근 꽃잎 사이로 스멀스멀
눈 구경하던 나비 한 마리
먹잘 게 없다고 구름 낀
사월 하늘로 비켜선다.
햇볕 좋은 날 마다하고 바람 부는 날 오시는지
달콤한 혀 속에 독이 든 침
꽃을 찌르고, 구름을 찌르고, 저승 문턱을 찌르고
북망산 떠도는 날갯짓

불타는 장미에 혀를 꽂은 채
뜨겁지도 않은가 봐
춤추는 꽃잎인지, 가지 끝에 걸린 바람인지
날개만 나풀나풀
흔들리는 몸단장에 은분이 날리고
부드러운 더듬이로 꽃 속을 헤집다가
눈 감으면
죽음도 비껴간 고요

고단한 삶 지워버리고
중얼중얼

아버지 제삿날 불타오르는 소지처럼
삼베 허물이 허공 속으로 날아간다.
사라져가는 모든 것들의 슬픈 종말을 위로하듯
날름거리는 혓바닥
육신과 영혼의 경계에는
늘
나비 한 마리 날고 있다.

연꽃의 사유

저물녘
꽃잎에 갇혀
슬그머니 오므라들고 싶어요.

밤새워
속사정 함께 나누다
아침 향기로 피어나고 싶어요.

검고 깊은 물이
부드러운 기척으로 밀어 올린 대공 끝
말간 햇볕이 펼쳐놓은 넓은 잎
진발로 서서
허공을 덮고 싶어요.

각기 다른 모양과 색깔을 핥아온 바람은
저마다 고유한 향기로 스며들고
잎사귀에 미끄러진 물방울은 한데 어울려
잠든 먹잠자리 검은 꼬리처럼

소리 없는 춤을 추는데

온종일
간절한 연잎의 기도가 궁금합니다.
소나기에도 젖지 않는
잎 속의 둥근 궁리는 무엇인가요.

푸른 불꽃 속에서
태울 수 없는 주검 되어
연꽃으로 돌아가려는
연화장의 깊은 다짐이었나요.

원대리 자작나무 숲

외로운 숲의 정령이 눈물 흘리는
원대리 자작나무 숲
고요히 눈발 그치면
서녘 하늘 모서리 붉은 노을
시린 손을 담가 봐
어둠이 다가오기 전
흰 대지에 하얀 입김을 불어 봐

잠시 붉은
저 눈처럼 멀고도 하얀 쓸쓸함
눈물도 없이 녹아내리는 기특함
분노도, 절망도 말 없으므로 고요한
허물 벗은 줄기들의 보드라운 부대낌
바람 만나면
하얀 순에 걸쳐있는 검은 입
자작자작

새들 떠났다고 원망 마라.

그 여름 푸른 기대도 내려놓아라.
오직 무리 지어 함성 지르라.

마른 영혼이 희끗은 나무 따라
푸른 하늘 낮달에 걸쳐있는 오후
말간 추위에 익숙한 이끼들이
살을 문대며 잠들고
초록빛 낮은 꿈들은
자작나무 타고 하늘나라 꽃구경 가지.

하산

오서산 자연휴양림 뒤편
삼십여 분 오르다 보면
헝클어진 바람이 쉬어가는
싸구려 구름 여인숙
월정사라는 작은 암자에
늙은 모녀 부처님 치성을 위해
도토리묵에 막걸리를 팔고 있다.

쌉쌀한 도토리묵 알딸딸한 막걸리 한잔
무겁던 발걸음도 잠시 푸근해지는데
어미가 객보다 먼저 취해 소리 지르면
늙은 딸 손놀림이 바빠지고
미안쩍어
풍성한 파전도 내놓는다.

손바닥 연못 속
물레방아 그림자에 떠도는 연꽃 몇 송이
부처님 발바닥 간질이면

맨몸의 돌부처는 여기서 더 머물라 눈을 비켜 뜬다.
산 그림자 길게 늘어지는 석양 무렵
여전히
흐트러진 마음은 산꼭대기에 휘청대지만
오르기보다
내려서야겠다.

고요를 낚다

저물녘 시작된 낚시 미끼는 어둠이다.
낚아 올린 고기는
거대한 산 그림자였으며
반짝이는 노을 조각이었고
목 안을 맴도는 씁쓸한 생이었다.

빛과 어둠의 이랑 속에서
기다림이 팍팍한 삶이라면
미동 없는 낚싯대를 허공에 던져두고
스멀스멀 기어 오는 어둠을 물끄러미
바라보는 것만도 행복이리라.

어둠 짙을수록
저만치 흔들리는 존재가 더욱 또렷해지고
은밀한 물속 사정은 훤히 들여다보이지만
아득하고 고요한 곳을 향해 던지는
허물없고 욕심 없는 낚싯바늘
〈

세상 가장 깊은 마음을
낚고 있다는 것을 모르는 남들은
수군거리지.
고기도 못 잡으며
한갓되게 세월만 허비한다고.

겨울, 황간역

기차가 도착하자 고요가 멎었다.
개찰구에서 밀려온 빈 바람이 난로를 감싸고
추녀 끝 회색 하늘에서 간간이 눈발을 뿌렸다.
헐렁한 나이테처럼 세월에 넉넉한 역무원,
혼자 먹는 밥
한 벌의 수저와 젓가락
맞은편 식탁 빈 의자가 익숙한 저녁
털갈이 강아지 역 마당을 돌다 말고
고개 내밀어 역무원을 쳐다본다.
방정맞게 눈은 비가 되어 고요를 녹여내고
외로움이 비집고 들어선다.
기대 없이 기다리는 허망함
의식은 맑은 물에 투영된 햇살처럼 하늘거리고
감긴 눈 사이로 난롯불 아지랑이가 흐물거렸다.
건물 벽에 흩어진 낯선 시편들은 찬바람에 시들어
가고
샛길 아래 강변 집 깨진 굴뚝 구수한 저녁연기는
<u>흐느적흐느적</u>

언 강을 핥으며 다리 밑을 지난다.
고약한 병,
흐르는 시간을 느긋하게 즐기는
굶어도 배고프지 않은
목적 없는 헛기다림의 뿌듯함.
낡은 가방은 대합실 빈 의자 위에
혼자서 푸석거리고.

허당 집

덩그러니 드리워진 어둠 속
빈집 처마에
촘촘히
집을 짓는 호랑거미

지독한 쓸쓸함과 기다림에도
그 흔한 하루살이 한 마리 없어

간절한 배곯음 속에서
밤이면 별만 잡는
허당 집

짐승의 기억처럼 번들거리는
폼나는 호랑 무늬로 암거미 유혹하지만
가늘어진 목덜미에 비릿한 숨만 차올라
눈은 어둡고 향을 품지 못하는 입

새벽이면

애절한 꿈들이
젖은 이슬처럼 풀어져
축축하게 늘어진 거미줄

아침 햇살에 쪼그라들어
허공 속
제 무덤이 되었네.

하늘하늘 쉼터

이드라 총각 상무니
늙은 밤나무 약 치면서
우리 집 꽃밭에 뿌려주다가
하늘하늘
나비 가엾어
먼 산, 허공에 뿜어댄다.

이른 아침
꽃밭 거미줄에 꽃잎이 나풀거린다.
다가가 들여다보니
나비 한 마리
새벽잠이 없을까?
눈이 어두웠을까?
떼어내려다
웅크려 독을 품은 거미
밤새 수고한 노고 무시 못 해
안타까운 외면
〈

비 내리는 오후
은분 날개에
빗방울 하나 툭, 내려앉고
지친 날갯짓에 힘겨워
내 어깨에 내려앉는다.
나도 네게
잠시나마
쉼터가 될 수 있다는 반가움에
가만히 우산 받쳐준다.

곰배령 야생화

꽃잎이 퍼뜨린 향기
허공을 감아올리니
가볍게 몸이 뜬다.

아득히 동해 푸른 파도가
귓바퀴에 조용히 쓸리고
산 아래 빨래터 방망이 울림이
어린 날 숨소리처럼 다정하다.
멧돼지 날름거리는 콧구멍에도
어리광부리는 나비 붓끝에도
오로지 충만한 향기

뿌리 속 나이테에
화려한 무늬가 퍼져 있고
고단한 겨울을 버텨온 흔적이
촘촘히 박혀 있다.
한순간 지고 말 운명일지라도
한철 잘 견디면

해마다
늙지 않는 꽃
피우는 것을

조용히
바람에 키를 낮추는 겸손은
죽음도 비켜선
곰배령 야생화의 오래된 지혜다.

파랑의 시간

동백숲 틈새로 바다가 다가섰다.
마음 닮은 깊은 파랑이
눈꺼풀을 조용히 가라앉힌다.

동박새 사랑을 가로막은 숨소리가 미안해
꼼짝 못 한 발자국이
벌을 서고 있는 동안

먼바다, 가득 찬 노을은
점멸된 등대에
붉은 쇠고랑을 채운다.

빛을 갈망하던 밤바다는
요동치는 파도에 몸을 맡긴 채
눈을 감고
익숙한 몸짓으로 섬을 흔든다.

흩어진 알갱이가

모래 되어 뒹구는 사이
하루 두 번
헤어졌다 다시 만나
그리움을 덜어내고 있다.

깜박이던 등대는
새벽을 부르다 지쳐 잠들고
어둠 빠져나간 포구에 안개 걷히면

빈 배가 풀어놓은 그림자만
아른아른
하루가 파랑거린다.

물메기

흐물대는 모든 것은
질긴 갯바람에 꾸역꾸역 말려야 감칠맛 난다지만
방정맞은 빨랫줄에 흔들리는 꼬랑지가 자발스럽다.
비록,
무한한 능청 속에도
등뼈의 반듯한 줄거리와 둥근 눈
어미를 찾는 새끼일까,
죽음을 앞둔 늙은 것인가?

어슴푸레한 식전
뭉그러진 국물로 개운한 아침
심술 맞은 바람이 선창을 뒤흔들면
닻 내린 작은 배들이 우두커니 몰려 있다.
출어 못 한 어부들,
컴컴한 주막에 모여
스텐 그릇에 소주를 마시며 투전한다.
뱃속에서 흐느적거리는 풋술과
머릿속에서 날아다니는 지폐의 혼돈

〈
어렴풋한 바다의 기억
깊고 맑은 물속에서 끌려 나와
뱃사람 내장을 달래주는 선행은 기특하나
소갈머리 없이
입안에서 녹아내려 스스로 풀어지는 믈잠뱅이
세월은 변해도 맛은 그대로

출렁이는 뱃전
부르튼 어부의 숭고한 구릿빛 노고
발가락으로 허공을 긁다 멈춘 더게의 숨이 멎어도
양망하는 고무장갑에 들러붙어 꼬리를 흔드는 물텀벙
여전히 바닷속인 양
아귀 입으로 세상을 집어삼킬 듯하다.

불면의 바다

해물탕 냄비 속에서 바다가 꿈틀대다가
화력 좋은 가스 불에 파도 잠잠하더니
입 벌린 조개들 아우성도 잠시
끓어오르는 거품 끝엔
핏빛 수평선이 말려오고
어둠의 긴 혓바닥 같은
붉은 노을만 가득하다.

멀뚱히 솟아올라
온종일 바다만 바라보다
지쳐버린 눈꺼풀로 하품만 해 대던
하얀 등대는
밤 깊어질수록 놀란 눈빛을 깜박이고
안개 두른 새벽 비명까지 지른다.

멀리 어른거려 희미해진 도시 불빛 사이로
잠 못 든 사람 서넛 서성이고
고깃배는 시동만 켜놓은 채

갈매기 날개만 쳐다보는데
여전히 끓어오르는 밤바다
붉은 속살을 식히지 못하고
아침은 더디기만 하다.

광막한 폐허

좀솜 지나
오색 깃발과 뿌연 강
쳐든 산과 내려앉은 하늘

사람이 살 것 같지 않은 북쪽에도
숲과 마을이 있어
해맑은 얼굴이
순례자 그림자처럼 순하다.

허허로운 영혼만이 숨 쉬는 땅
구름은 산허리에 머무르고
강물은 산을 넘지 못한다.
억센 바위 곁 푸른 다랑이 밭
수천 년을 버텨온 구릿빛 얼굴들
회색 담벼락에 기댄 채
내일을 기다린다.

짐을 벗지 못한 당나귀와
모질게 조여오는 숨

구름 속을 날고 있는
새들의 안부가 궁금할 때
황금빛 설산 위로
적막이 내려앉는다.

태초부터 파내졌을 입 벌린 동굴
말 없는 구도자들의 처소
거룩한 기도와 간절한 바람만 머무는
광막한 폐허
허물어진 왕국

문드러진 무르팍, 갈라진 손바닥
새살이 돋고
양들은 새끼 치는데

몇 겹의 구름을 더 밟아야
이 산을
넘어설 수 있을까!

판교역, 그림자에 묶여있는 기차

지금은 폐역이 된 장항선 판교역
널빤지 다리 건너
하늘 끝이 어둡고
빗소리에 닭 울음소리 길다.

먹먹한 구름과 내 상념
모두가 멈춰 있을 때
떠나는 건
바람에 날아가는 공허한 바램
불쑥 찾아올 것 같은 기대도
허망하게 끝나버린

비라도 힘차게 내렸으면
역전 뒷산에 안개 걷히고 드러난
삼십 년 전 사진관과 찢겨나간 십 년 전 농협 달력
시간에 갇힌 채 간판만 희미한 동일 주조장
다가서던 기차는 산 귀퉁이 그림자에 묶여있고
객창감에 쓸쓸함만 더한다.

〈
한 시절
왁자지껄했을 역전 마당
변함없는 소나무처럼
언제나 가난한 냄새로 채워져야 했던 판교역
삶은
늘 고단하거나 고통 속에 있어야 했다.

흐르는 강물처럼

생이란,
흐르는 물처럼 잡히지 않는 것
손에 쥐었다 믿는 순간
저만치 흘러가 버리는 것

조심스레 돌 하나 던져
물속 짚어보다가
더 멀리 던져보고

번쩍거리는 아침 물빛은
강준치 뛰어올라 하루를 깨고
번들거리는 저녁 물빛은
강숭어 뛰어올라 어둠을 깬다는
할머니 조잘거리던 혼잣말

저녁 강 위
여남은 기러기 날아가고
정갈히 빗어넘긴 물줄기

평화롭게 휘어진 모래톱
간섭 없는 고요
이대로
오랫동안 이어지기를.

봄날 우체통

동구 밖 졸고 있는 우체통
벙어리처럼 겨울이 달아나고
유령 같은 봄바람이
뒷마당 살구꽃을 휘감는다.
비탈진 다랭이 밭에
나비만 들렀다 가는 봄날

홀로 선 모퉁이
누군가를 기다리면서
무언가를 기대하면서
아무도 찾지 않는 오후
햇살 한 줄기 친구삼아
추억만 되뇌는

첫눈의 사실 규명으로 옥신각신하던 지난겨울
적설 기준을 측정하던 소녀의
한 손에 들려있던 엽서
안부가 궁금하다.

〈
무뎌진 삶
하루하루 벗겨진 허물 속으로 녹이 슬고
기다리는 빨간 자전거, 해진 가죽가방
오간 지 오래
차라리
첫눈의 시간은 행복했다.

오늘도
두리번두리번
소녀를 기다리며
바람으로 배만 부른
봄날 우체통.

새벽을 깨우는 손

흐린 하늘 휘어진 십자가
낡은 종탑에 매달린 금 간 종
짧은 하루가 저물면
품 팔고 온 늙은 목사
희미하게
종 줄을 당긴다.

앙상한 가지 너머
후드득 빗낱 던지고
무지개는커녕
구름조차 머뭇거리는 하늘
차라리 어둠 깊어
새날 빨리 오기를 기도한다.

익숙해진 추위에 움츠러드는 병든 몸
살바람 드센 새벽
찾아올 사람 없어도
밤새워 뒤척이던 이불 걷어내

새벽종을 울린다.

흔들리는 줄
간절한 떨림

겨울이 물러가고
낮이 길어지면
상처에 새살이 돋고
종소리도 맑아질까.

굳은 손바닥
사랑도 깊어지려나.

코스모스

깊은 어둠의 침묵
가녀린 씨앗 하나, 고통으로 싹을 틔웠지.
겨울을 삼킨 고요 끝에서
속삭이듯, 봄을 불렀고
여름의 태양을 한 입씩 받아
허공에 실핏줄 같은 줄기로
겸손한 꽃잎 밀어 올렸어.

이슬 젖은 잠자리 날개 말리려
팔랑개비 돌리고
향기라 부르기도 애매한 숨결
붉지도 노랗지도 않은
먹잇감도 못 되는
그 자리에 흔들흔들
구름만 흘려두고 있었지.

여섯 잎의 작은 맨살,
바람에도 흩어지지 않고

가냘픈 대궁으로
하늘의 무게를 맞서며
햇살에 안부 전하려
오늘도
내 어미같이
고단하게 휘어지는 등.

달콤한 쓴물

병은
도가니에 고인 유리 물이 식기도 전
대숲을 지나온 바람결에
푸르스런 외로움을 받아내고 있었다.

오래된 상처처럼
술병을 여는 손목엔
푸른 멍이 들어 있고

소주가
쏘주가 되고
쐬주가 되기까지
독한 쓴물은
아픈 기억을 헐어낸다.

시절은
달콤하고 말랑한 술만 찾아
삼십 도에서 십칠 도까지

더 많은 사카린으로
쓸쓸함마저 연화시키고 있지만

술의 참맛은
혼자 마시는 쐐주다.
밤비 내리는 창가
빗소리 안주 삼아
굳은 소주의 고독을 끄집어내면
멍든 마음도 쉬 풀어질 것이다.

의문은,
왜 소주병은 늘 푸르고
사람들은
쓰기만 한 소주가
달콤하다고 하는지.

# 4부

얼치기 농사꾼

산들바람이 붑니다.
무논에 발을 담그고 삽자루를 꽂으며
얼추,
농사꾼 시늉 냅니다.
세상에 개평은 없다지만
모내기하는 날
김치 잎에 막걸리 한잔하며
벼 자란 들판에
늘메기와 뜸부기를 기대합니다.
방개와 소금쟁이가 있으면 더 좋고요.
게을러 피사리도 못 하면
몇몇은 깜부기가 되겠지만
반거충이는 되지 말아야지요.
태풍과 무더위 견뎌내 추수 끝내면
충만한 가을, 빈 들판에서
모락모락 가래떡이라도 뽑아야겠어요.

벼포기 알배고 두렁콩 익어가는
논두렁에 앉아 단꿈을 꿉니다.
방금 볼을 스친 바람은
어디쯤 가고 있을까요!

없었던 일로 하자며

번개 뜰이 물에 잠겨
호수가 된 아침
죄없이 멀뚱거리는 눈
물먹어 배만 부른
울부짖는 소

지상에 내려앉는 검은
구름의 정체가 수상하다.

흙탕물에 갇혀버린 푸른
벼잎이 가쁜 숨을 몰아쉰다.
마음은 젖어 들고
여전히
검은 동쪽 하늘 아래
길 잃은 뱀들이 허둥댄다.

야무진 빗소리
냇물이 다리를 삼키고

빙빙 떠내려가는 수박 덩어리
찢어진 우산 사이로
빗물이 머리카락을 가른다.

새들이 떠난 들판
이토록 푸른 하늘을
사모해본 적 있었던가!

길이 잠기고
집이 잠기고
원망마저도 잠겼다.

춘삼월로 돌아간다면
다시 시작할 수 있을까?
허물어진 농부의 꿈

모든 게
없었던 일로 하자며
달아나버린 가을 들판

뒤늦게
부질없는
재난 문자만 똑딱거리고.

지금은 나설 때가 아니지

바람이 소리 지르고
소나기 실컷 울다간 오후
긁히고 꺾인 풀잎 끙끙 앓는
신음 가득한 들판

걸음 멈추고 귀 기울여
아픔을 보듬어본다.
상처 난 풀잎 일어날 수 있도록
손 내밀어 보지만
치유되지 않는 헛손질

태풍 지나간 자리
지금은 나설 때가 아님을

상처가 스스로
살 속에 비를 감추고
바람 다독여
햇살 배울 때까지

멀찍이 기다리자.

아픔이
초록빛 웃음으로 피어나거든.
수고했어, 참 잘 견뎠다고
작은 인사 한마디 전해주자.

잠들기 전 낫을 갈며

처서 지나 백로 앞둔 오후
먹구름 몰려와 소낙비 퍼붓는다.
흙탕물에 둥둥 떠다니는 끝물 참외 노란 속살
젖은 날개 털고 있는 느티나무 가지 끝에 매미
뻐근한 어깨 가라앉혀 논두렁 물꼬를 손본다.
장화 속 축축한 양말과 나풀거리는 비닐 우비
두렁이 넘치고 피라미들이 칼날처럼 날뛴다.
배부른 벼포기마다 물을 토하고
소리 지르며 드러눕는 논두렁 풀
다행히
언뜻언뜻 푸른 하늘이 보이고
웃날 들어 산등성이로 안개 밀어 올리는 저녁
매운 풋고추와 애호박을 넣어 수제비를 끓인다.
"이만하면, 올해도 풍년이지…"
어머니 계시면 좋으련만
수월찮게 남은 추석
잠들기 전 낫을 갈아 흙벽에 꽂고
성근 갈퀴 날에 노끈을 조이며 벌초를 준비한다.

머잖아
장독대 대추나무에 붉은 고추잠자리 윙윙대겠지.
올해는
쌀값이 좋아야 할 텐데…
걱정과 바람을 끌어안고
어둠 깊은 구석에 은근히 기대어 보는
초가을 밤.

바람이 온다

바람에 돛을 맡겨 고기잡이 갔던 아비는
배를 잃고, 목숨을 잃고
아들이 건져 올린 물고기는
꾸덕꾸덕 바람에 말라간다.

따스한 유골을 식은 바닷물에 뿌리자
넋을 품은 물결이 일렁인다.
죽어서도 땅을 딛지 못하고
물 위를 떠도는 안다만 집시들
죽은 아비는
바닷가를 영원히 떠돌 것이다.

수면을 핥아도 목마른 바람같이
늘 배고픈 어부에게
바람은
생과 사를 결정짓는 가르마다.

바람이 떠난 바다는

시든 나뭇잎처럼 고요하다.
먹이를 찾지 못해 가라앉은 물고기
허기를 품은 채 정박 당한 뱃사람

바람이 온다.
눈 빠지고, 목 빠지게 기다리던 바람이
넋을 싣고 숨을 불어넣는
바람이 온다.

어부의 구릿빛 이마에
검은 머리카락 나부끼고
수상가옥 낡은 빨랫줄에
푸른 수건이 펄럭이자
돛이 오른다.

파도 날에 부딪히는 뱃전
바람에 몰려오는 물고기들
시끌벅적
산 자와 죽은 자의 웃음이 뒤엉킨다.

멀리서 풍장소리 들려오고
배곯은 어린것들
소리 지르며 뛰어다닌다.

하굿둑에서

파란만장 도착해, 망연자실
맴도는 메아리와 겉도는 바다와 약속
비명에 아랑곳 않는 콘크리트의 견고함

가뭄에도 불어만 가는 강물
모래밭은 보이지 않고
음산히 떠다니는 녹물 사이로, 헐떡거리는 숨
불어 터진 부레, 들끓는 파리떼
지친 어부들이 얼룩진 어선을 풀숲에 내던지고
녹죽 속 허우적거리는 물고기 건져내 불을 지른다.

강물이 바다를 만나면 위법이라던 사람들

그리워지네!
강변 살자던 허튼 맹세
버드나무 푸른 도깨비불
다 어디로 쫓아냈나!
또렷한 절망 앞에 뭉크러지는 희망

〈
태초의 약속은 지켜져야 한다.
빛을 토하는 은어의 은빛 유영과
참게의 춤을 즐기면서
여울 모래톱은 쌓여야 한다.

집어등 아래서

집어등 사정거리에 들어온 오징어 수컷들
그물 안에서 뿌옇게 사정한다.
눈 어두운 암컷을 위해 최소한의 배려인가?
단순한 몸뚱어리에 화려한 치장인가?
죽음을 감수하고 빛을 찾는 원초적 본능
유혹에 견디지 못하고 찾아간 집어등 불빛 아래
발가락을 간질이는 태초의 유전자
영문도 모른 채 잡혀간 오징어들
검은 먹물로 빛을 가려보지만
죽음보다 환한 눈부심

대대로 평화롭고 온화한 밤하늘
요즈음
뜨겁고 치명적인 섬광들의 유혹
탐욕 가득한 발가락을 잘라 내
불빛 그물에 걸어두고
스르륵
심해 깊은 어둠 속으로 내려가
지구에서 만날 수 없을지도.

그 흔한 방개는 어디로 갔을까

유년의 봄,
둠벙은 작은 우주였다.
물비늘 아래로,
햇살을 갉으며
조용히 떠오른 방개 새끼들.
풀숲 알들은 눈도 뜨지 못한 채
세상을 익히고 있었다.

반공일 오후,
햇빛을 소매에 몰아넣고
우린 장난처럼 둠벙을 퍼냈다.
방개 한 마리면 세상 전부였지.
참방개는 모아두고
똥방개는 공중에 던졌다.
기억은 웃고 있었지만
언젠가 그 놀이도 죄가 되었던 것을

심술기의 발동은
가을 운동회 방개 뽑기,

방개 따라 정해지는 진귀한 보물들
간절한 바람도 잠시
동전이 털릴 때까지 방개의 배신
주먹을 꼭 쥐고 집까지 뛰던, 분노와 씁쓸함

잃어버린 보물의 허망한 기억
잡은 방개는 목을 비틀어 동댕이쳤다.
죄 없는 방개에게 퍼부은 불순
궁금한 것은,
주인은 방개 마음을 알았을까 하는 것인데
답을 얻기에는
시간이 너무 멀리 흘러버렸다.

잊은 줄 알았던 이름
바닷가 골목에서 우연히 마주친 양철 다라
아직도 방개 뽑기가 있네!
다라를 들여다본 순간
숨 가쁜 미꾸라지 한 마리
그늘에 떨고 있었다.

방개는 어디 가고 미꾸라지,
"요즘 방개 찾기 힘들어요.
마리당 삼만 원이에요, 택배 포함"
구하기도 힘들다고 하소연이다.
방개 한 마리 삼만 원!
어처구니없는 내게
뽑기 한번 해보라는 주인을 뒤로하고
바다에게 욕설을 퍼붓고 돌아섰다.

그날 밤,
잠 못 드는 천장 위로
스멀스멀
기어 다니는 방개 몇 마리

고향 친구에게 방개의 안부를 물으니
더러 있다고 한다.
한 마리라도 살아있다면
아직
그 봄은 살아있던 셈이지.

회색 경계에서

화물열차에
짐짝처럼 쌓인 연해주 신안촌 고려인들,
삼사일이면 닿을 거라던 푸른 희망은
기차 바퀴 아래 짓눌려 있었다.
서로 등을 맞댄 채
참고 참으며
오직 시곗바늘만 바라보던 시간
굶주림과 질병, 공포와 추위 속에 죽어가는 사람들
마른 열병에 자식 잃은 어미는
묻을 수 없는 시신을 얼어붙은 호수에 던졌다.
칠흑 같은 어둠
서른 날, 만 오천리를 달려
철길 옆에 버려진 사람들
기차가 멈춘 그곳엔
버려진 생명과 신음만 메아리쳤다.
절망의 지평선에도 해는 둥글게 떠올라
어디선가 워낭소리 들리더니
당나귀 한 마리 다가온다.

나귀를 따르던 서너 명 카자흐 여인들
광활한 초원 한 귀퉁이에 펼쳐진 보자기 위로
한 무더기 빵을 펼쳐놓았다.
딱딱하게 굳은 식은 빵을 입에 무는 순간
우리도 울고 저들도 울었다.
멍석에 말린 아버지 시신을 언 땅에 묻고
땅굴 속으로 기어들어 추위와 싸웠다.
서릿발 풀리고
움켜쥔 씨앗을 기차가 지나간 자리
고향 가까운 땅을 향해서 뿌렸다.
눈물 날 때마다 머리카락은 가늘어졌고
곡식이 자랄수록 손톱과 발톱은 닳아갔다.

초원은 말한다.
바람보다 앞서가지 마라.
풀잎보다 먼저 눕지 마라.
눈 속에서도 싹은 튼다고.

일 년이 되자
다시 보름을 달려
코카서스 작은 마을에 던져진,
늙은 들개처럼 떠도는 삶
이곳도 사랑은 존재하고 씨앗을 받아주었지만
기쁨은 슬픔을 넘을 수 없었고
그리움은 희망을 조각냈다.

여전히
뿌리내릴 수 없는 경계에서
회색 눈물만 흘리며 방황하는 유랑인.

불의(拂意)
― 전봉준을 추모하며

마른 호두껍데기 같은 삶
죽음의 인기척 느끼고
맑은 하늘 눈 쌓인 언덕을 향한다.
눈을 감는다고 벗어날 수는 없을 터
귀를 막고 코를 비틀어도 비켜설 수는 없을 터
누구에게나 공평한 푸르름
밀어내도 달려드는 눈부심
어쩌랴!
간절히 어둠을 기원하지만
여전히 노을은 온몸에 머물고
기다리던 밤은 더디기만 한데
나의 불행으로 너의 불행을 감싸고
상처를 상처로 아물려
바듯이 하룻밤을 버틴다.
여전히
칼날을 스치는 바람은 티 없이 맑고
죽창에 맺힌 핏물은 서럽게 붉은데.

*불의(拂意) : 모든 게 뜻대로 되지 않음(채근담)

삼복의 똥개들에게

타이완 어느 대학에서는
캠퍼스 안의 개들에게 무상급식을 시행한다고,
년 초가 되면 교무회의에서 무상급식을 논의하지만
매년 만장일치 통과된다는데

복날을 맞는
대한민국 개들은 얼마나 부러울까.
선거철만 되면 게거품 물고
개 밥그릇 걷어차는 사람들
천축국 숲속에서 라이방 쓰고 태극기라도 흔들어야지.

경배의 대상이 되는
인도나 미얀마 개들은
먹거리 신경 쓰지 않아
추우나 더우나 하루가 편안하니
사람을 잘 따르고 순하다지만
〈

가끔은 부처님 나라에도 눈이 내리듯
더러 얼어 죽는 개들도 있다고

삼복을 맞이하는
대한의 똥개들아.
천축으로 떠나거라.
함께 모여
촛불이라도 들어라.
꼬리라도 사정없이 흔들어라.

거대한 감옥

남과 북으로 위리안치된
무슨 대역죄인들 모여 사는가
탱자 울타리도, 장미 가시도 아닌
칼날 같은 철조망
서로 죄인이라며 손가락질하는
형벌의 땅

서해에서 동해까지
세상, 가장 긴 금
거대한 감옥
평화를 훼방하는 바람난 이데올로기 무덤
가당찮은 혈세로 만든 쇠붙이의 위엄 뒤에
남북의 젊은이는 청춘을 포박당한 채
한심한 경계에서 햇볕만 쐬고 있구나!

종심 지나도록
바람에 넘나드는 검은 씨앗은 푸른 싹을 틔우고
들짐승과 날짐승은 한가롭게 오가는데

아테나여
하루빨리
허세의 창살을 걷어내
지구인이 기뻐하는
나무와 꽃의 축제장 열어보자.

우금티, 기어이 넘어야 할 고개

초승달에서 솟구치는 푸른 풋내 가득 찬 골짜기
돌아오지 못하는 백성들
조총과 죽창이 부딪쳐 허공을 가른다.
피리와 꽹과리가 교접하여 흔들리는 숲
신음과 웃음이 뒤섞여 옳고 그름을 분간할 수 없었고
산 자와 죽은 자들의 혼백이 널브러져 경계가 허물어졌다.
사금파리 조각 사이로 반짝이는 엇빗금 번개 빛
나부끼지 못한 낡은 깃발이 아우성치고
꺼진 모닥불 아래로 식은 연기가 솟아오르는 우금티

흔들리는 소나무 뿌리 속에서
어른거리는 도깨비불
진달래 붉게 피는 봄
울음소리 가득한 애 무덤 골
웅덩이마다 살모사 새끼 치고
바람도 땀 흘리며 쉬어가는,

새조차 떠나버린 서릿발 골짜기
아무도 가지 않는 음침한 북쪽
기어이
넘어야 할 고개.

청명에 남한산성을 오른다

청명, 맑은 하늘 아래
남한산성 오솔길을 걷는다.
지난겨울 습설에 쓰러진 소나무
허리가 부러지고 모가지가 동강 났다.
여기저기 앓는 소리
그날 패배의 아우성 같다.
성벽을 쌓아 올린 고단한 발자국
스쳐 지난 해진 손길들 위로
수어장대 구석 비틀어진 향나무
욕되게,
사백 년을 굽어 살고 있다.
한강 물 다 퍼부어도
비린내 씻을 수 없다던
서석 김만기의 울부짖음이
아직도 바람에 젖어 있고
조아린 임금 이마 사이로
노란 복수초 고개를 내민다.
머리 들면 희뿌연 도성 하늘 아래

솟아오른 빌딩들
나라는 무너졌어도 백성은 살아남아
휘어진 역사를 이어간다.
여전히 강물은 유유한데
어제와 오늘이 별반 다르지 않은
시끄러운 시국이 귓전을 흔들어댄다.

부엌새를 추억하며

부엌에서 태어나 부엌새가 된 무당 딸
연기보다 먼저 눅눅한 신명 품고
뒤틀린 가마솥 아래서 숨을 담았다.

늙은 감나무 푸른 그늘
능선 너머 억새밭 위로
갈맷빛 망령 떠다니는
밀엄산 도솔천
끝내 불을 켤 수 없어
물낯 바닥에 비친 별빛으로
천지를 가늠한다.

물속에서 끌어올린 새끼무당
동생을 살렸지만 허망한 죽음
저승길 느리고 무거워 한숨 쉬고 나면
넋 나간 어미 무당
묘 마당에 쓰러져 슬피 웃는다.
상두꾼 땀방울 연기 속으로 사라지고
서낭당 건너 할매 무당 흰 옷자락 흔들면

조무래기들 사기장골 지나
무서운 개호지 꿈을 꾼다.

죽은 넋들이 어둠의 씨앗 되어
유난히 검은 공동묘지 밤
꽃잎 떨어진 묘지 옆 왕벚나무
밤새 연둣빛 잎이 돋고
아침이면 굴뚝새가 무덤을 깨운다.
떠난 사람 찾지 않아도
어김없이
무당집 빈 마당에 감꽃이 피고
까마귀 소리에 풋감은 여물어간다.

이름도 못 얻은 부엌새
무덤에 눈이 쌓이면
지난 가을 몇 안 남은 마른 홍시가
혼자 떨어져
굶주린 짐승들 저녁이 된다.

저도 이 마음 알까

초록 잎 뚫고 조각난 햇살이
들창으로 훔쳐 들어올 즈음
문규 씨,
솜이불 걷어차고 방문을 나선다.

보름을 앓던 가장의 무거운 몸
하늘 보고
숨 크게 들이쉬며
물 한 바가지
가슴에 끼얹는다.

개울 건너
소죽골에 향기로운 바람
뻐꾸기 울음소리 들리자
떠오르는 석우 엄마
혼자 된 지 여러 해

이쪽 아궁이 불 지피면

소죽골 초가에도 연기가 오른다.
식구들 멀쩡한데 자꾸
어른거리는 얼굴 하나

운명인가, 인연인가
소쩍새 우는 밤
가슴이 쿵쿵,
몸이 뒤틀려
한걸음에 달려간 소죽골

문틈에 귀를 대본다.
저도 이 마음 알까!

계절이 가고 나뭇잎 떨어지더니
농담처럼 추웠던 겨울
둥글게 수은등 눈이 내리고
손톱 밑 피가 맺히는 밤
〈

이 가려움 멎으면
저 가려움이 시작될 것 같아
아무 말도 할 수 없다.

열여덟, 석우가 목을 매던 날
묘 등 시든 잔디가 힘겹게
하룻밤을 버티던 새벽
소죽골을 떠나는 발자국들
행여, 눈치챌까
거미줄에도 고개를 숙인다.

경상도였을까, 전라도였을까
아니면,
강원도 어느 깊은 산속
길도 없는 골짜기에 숨어든 것일까?

초가지붕에 푸른 싹이 돋아도
석우 엄마 소식은
들리지 않고.

살아남은 자의 고백

스무 살, 해남 땅끝에서 올라온 송씨
광주 과자공장에서 설탕 같은 부인 만나
신혼의 단꿈을 꾸던 오월 저녁
총소리에 달려나가
길바닥에 쓰러진 주인집 아저씨,
손발이 떨리고 눈동자가 뒤집혀
처음으로 총을 들었다.

떠밀려 들어선 도청 이층
콘크리트 바닥에 배를 깔고 거총하던 새벽
만삭의 부인이 떠올랐다.
누군가 소리친다.
"여기 머무는 것은 자유다.
강요도, 명령도 아니다."
떠날 것인가 머물 것인가?
생각이 복잡할수록
부글부글 배가 끓어오른다.

얼굴 붉히며 자리를 바꾸는 순간
한 모금 바람에 부딪히는 풍경소리

정적을 깨뜨리는 울림과 냄새
기관총 소리,
목덜미는 군홧발에 짓눌리고
형광등 파편이 비 오듯 쏟아진다.
천년의 거리, 만 리의 심장처럼
청사 마당을 끌려갔다.

고개를 들자
곤봉에 찍힌 핏자국이 거울처럼 선명했다.
어슴푸레 손수레에 실려 나가는 시신들,
부대 울타리 안에 널브러져 하늘을 본다.
죽음보다 모진 건 산자의 간사한 허기

몇 날을 굶었는지 눈을 뜨니 병원이다.
살아남은 자의 치욕과 잔인한 기억
세월도, 가족도, 어떤 위로도 막을 수 없었다.
콧구멍을 화장지로 틀어막고 농약병을 입에 물었으나
이름 모를 간호사의 집요한 고집으로 살아남았다.
〈

대신,
딸을 잃었다.
당했던 폭력을 부인에게 퍼붓는다.

삶의 경계가 허물어지고 헝클어졌다.
밤마다 들려오는
군홧발 소리와 기관총 소리에
목을 감싸고 소리를 질렀다.

어느 날
어디선가
덧나지 않은 손길들이
아물지 않은 상처를
조심스레 감쌌다.

이제
아침이면 군화를 신고
공사장으로 나아가
네모진 벽돌 하나하나
둥그렇게, 희망을 쌓아 올린다.

비루한 기억의 날들

봄은 한창인데
물은 여전히 차다.
개나리 노란 꽃잎
지지 않는 팽목항
철조망에 매달린 채
바람에 해져간다.

슬픔은 번개처럼 들이닥치는데
더딘 희망은 자질구레하고
파도는 시간을 지우지만
상처는 아물 때까지 유효하다.

공감하나 동참하지 못하는 비루함
해마다 이맘때는
광화문에도, 화랑유원지에도, 어느 바닷가에도
바람이 불고 비가 내린다.

맹골수도 죽도 등대에

불빛 꺼진 지 오래
오늘도
녹슨 세월호는 원망만 가득한 채
여전히 궁금하기만 하다.

너의 빈 의자 앞에서

숨 쉬지 말고 가슴을 조여라.
물구나무로 기댈 수 있는 벽을 찾아라.
빛이 들어오는 창문을 향해 입을 벌려라.

불 꺼진 방
너의 빈 의자
장롱 속 오래된 카메라
책상 서랍, 낡은 시곗줄
마당 가 사철나무 반들거리는 잎새 위에서
시시때때로
사라지지 않은 간절함이 들려

뒤집힌 배 천장
스피커는 아직도
"가만있어라."라는
기만의 멜로디

떠난 줄도 몰랐고

떠난 뒤
파도에 흩어지는 허튼 약속들
삶아지는 어린 낙지발처럼
헐겁게 손아귀가 오므라지며
텅 빈 외침만 메아리치는
아비의 욕된 수치심

배가 가라앉고
잠잠해진 물속에
숨죽여 숨어있다가
툭, 툭
뛰쳐나오는 절규와 회한
빈 바다 앞에서
홀로 남은 아비는
끝내,
오열하고 말았다.

세월 3호, 날지 못한 나비

봄비 끝에
얼굴 내민 푸성귀
청 나비 날개인지 푸른 잎새인지
보드랍고 연한 아이의
싱싱한 볼 따귀

잎 뒤에 숨어 물구나무서던 초록 자벌레
우주를 들어 올릴 듯
힘찬 몸짓으로 허리 굽히고
세상을 거꾸로 안아 올리며
어느새 줄무늬 날개가 되어 나풀나풀

바람이 모자라는가, 세찬 소낙비인가?
날지 못하고
꿈틀대다 주저앉은 열일곱

만나리라는 희망도 잠시
달리던 버스 안에서 기별

시간이 약이라지만
어미의 주름진 상처
봄이 오면 싹이 돋듯
파도는 칼날 되어
기억을 찌르고
희망을 자른다.

파도여,
잠잠하여라.
상처가 아물 때까지
분노가 풀릴 때까지

부디,
어둠의 음지일지라도
떨지 말기를.

■ 해설

참신의 시학과 시적 아이러니

■□ 해설

참선의 시학과 시적 아이러니

김광기(시인, 문학과사람 발행인)

  현대시가 구현하고자 하는 궁극적인 미학은 크게 세 가지라고 할 수 있다. 하나는 새로움을 발견하고 구현하는 '발견의 미학'이고, 또 하나는 그것을 미학적으로 잘 구성하는 '표현의 미학'이라 할 수 있으며, 마지막으로는 궁극적으로 도달하고자 하는 '깨달음의 미학'적 측면이다. 이러한 세 가지를 한 작품에서 고루 갖추기에는 거의 불가능하다고 여겨져 시인들은 이 셋 중에서 하나에 중점을 둔 시를 목표로 한 편의 시를 쓸 때마다 절차탁마(切磋琢磨)하며 작품을 빛내려 한다. 박계업 시인의 작품은 주로 '깨달음의 미학'을 목표로 한 작품들이 그중 많은데 다른 미학을 추구하는 작품들 또한 그렇게 적지 않다. 하나하나 살펴보면서 그 묘미를 느껴보면 좋을 듯하다.

  박계업 시인은 2005년 첫 시집 『각시투구꽃』과 2013년 『안개를 걷어 올리는 그물처럼』을 발간한 후 이번 2025년에 세 번째 시집 『나비의 혀』를 상재한다. 그동안 꾸준한 작품활동과 끊임없는 작업을 통해 준비된 작품 80여 편을 이번 시집에 묶는다. 시집을 살펴보면 오랜만에 내는 시집이라서 그런지 다양한 의미들의 그룹이 형성되어 있는데 맨 처음 살펴보아야 하는 것이 집단무의식적인 의미가 배어 있는 고향의식과 조상님들로부터 내려온 부모님의 기운이 살아있는 의식의 흐름이다. 구체적으로 어머니 아버지의 의미가 시인의 심리 바탕에 깔린 의식인데 그것은 다만 부모님이 존재하고 계셨던 남은 기운이 아니라 그 바탕에서 시인이 살아있고 자신마저도 한 몸으로 그 기운을 이어가고 있는 동일화 의식 그 자체였다. 그리고 그런 의식은 확장되어 작품 속에서 무(巫) 굿을 펼치듯 초연한 제의(祭儀) 의식으로 드러나기도 한다. 다음으로는 도연명의 귀거래사(歸去來辭)와 같은 전원생활 속에서의 즐거움을 찾는 일이었다.

  시인은 그 속에서 삶의 진정한 맛을 느낌으로써 자연과 하나가 되는 일이 조상으로부터 내려온 삶의 터전인 고향의 기운이 자신의 기운과 다른 것이 아님을 체득하고 있는 듯하였다. 그러한 전원생활 속에서 이따금 이승과 저승을 넘나드는 혼몽한 의식을 디디며 하나하나 깨닫는 참선(參禪)적 생활을 하는 듯하였다. 그 대표적인 시가 표제시(標題詩)인 「나비의 혀」가 아닌가 한다. 그리고 마지막으로 살펴보아야 할 것이 작품에 담겨 있는 문학적 기교를 찬찬히 살펴보는 일이다. 시의 맛과 깨달음을 주는 골계(滑稽)와 해학(諧謔)의 기법이 곳곳에 펼쳐져 있기도 하고 시의 묘미를 더하는 아이러니가 구석구석 장치해 있기도 하다. 이러한 의미들이 다분한 작품들 몇 편을 골라 살펴보기로 한다.

> 사비,
> 그 이름부터 꽃물이 흐른다.
> 시간의 귀퉁이를 감싸 안으며
> 사람들은 사라지고 기억만 남았다.
> 부소산 오르던 늦봄,
> 바람이 말했다.
> 이 언덕은 언젠가 누군가의 등짐이었다고
> 저 아래 강가 작은 모래밭에도
> 무너진 왕국의 심장이 뛰고 있다고
> 한 송이 고란초 앞에서
> 꽃잎을 만지며, 문득
> 기억할 수 없는 이름들을 떠올렸다.
> 백제는 지지 않았다.
> 다만 저물었을 뿐
> 지금도,
> 강물은 흐른다.
> 백마강 모든 물을 퍼마셔도
> 그날의 목마름을 달랠 수 없지만
> 기억을 안고, 잊히지 않으려 흐른다.
> 부소산은 묵묵히 지켜본다.

사라진 것들의 안타까운 궤적을
　　　내가 태어난 곳의 고요한 존엄을.

　　－「사비, 저물지 않는 이름」 전문

　사비(泗沘)는 사비성(泗沘城)을 일컫는 말로 백제 시대의 성왕 16년(538년)에 국호를 남부여로 바꾸면서 웅진(공주)에서 천도한 백제의 수도였다. 오늘날의 충남 부여 지역을 말한다. 시인은 위의 시 「사비, 저물지 않는 이름」이라는 작품을 통해 자신의 고향인 삶의 원형 속에서 존재의 근원을 캐고 있다. 그것은 카를 구스타프 융(Carl Gustav Jung)이 제시한 '집단무의식'처럼 시인의 의식 깊은 바다에서부터 지금의 사유 의식의 범위를 지배하고 있다. 오늘날의 '나'는 지금으로서의 '나'뿐만이 아니고 그 오랜 역사적 시절을 이어온 "기억할 수 없는 이름들"의 총체라 한다. "백제는 지지 않았다/ 다만 저물었을 뿐"이라는 백제의 멸망을 한순간, 하나의 사건이라는 의식으로 인식하며 "지금도,/ 강물은 흐른다" 한다. "그날의 목마름을 달랠 수 없지만/ 기억을 안고, 잊히지 않으려 흐른다" 한다. "사라진 것들의 안타까운 궤적"을 딛고 삶의 역사는 유구히 흐르고 있음을 보인다. "무너진 왕국의 심장이 뛰고 있다고/ 한 송이 고란초 앞에서" "기억할 수 없는 이름들을 떠올"리며 삶의 역사는 자신과 함께 존재하며 강물이 흐르듯 아직도 진행되고 있다고 한다. "내가 태어난 곳의 고요한 존엄을" 말하며 '나'의 존엄적 가치는 사비(泗沘)에서 비롯되고 있음을 밝히고 있다.

    한밤중
    방바닥에 귀를 대고 잠을 청하다.
    우물 벽을 부딪치는 어머니 두레박 소리가 들린다.
    돌 틈 푸른 이끼 사이로 맑은 물방울이 떨어지고
    우물가 측백나무 사이로 서늘한 바람이 불었다.
    마른 등에 짊어진 어머니 물지게
    찰랑찰랑 물방울이 비탈길을 구르고
    우물에 빠진 어둠은 거울 되어
    어머니 헝클어진 머리카락을 흔들고 있다.

    밤이면 우물을 바라보며
    별을 꿈꾸던 앳된 얼굴
    휘저어 한 움큼 퍼 올린 맑은 물
    두레박 채 물을 마시면
    우주의 기운이 솟아나고
    두드러기 가려움도 잦아들었지만

    가뭄 깊어
    들판에 뿌리박은 깊은 관정
    물은 늙은 수캐 거시기처럼 쪼그라들어
    메워진 우물 터 늙은 측백나무 옆으로

녹슨 경운기
먼 기억을 회상하다
죄인처럼
덜덜거리며 서 있다.

- 「우물」 전문

　박계업 시인의 작품 속에는 부모님을 회상하거나 어머니 아버지를 떠올리게 하는 의미들이 담겨 있는 시구가 많다. 이러한 부모님의 역사와 서사, 혹은 생애가 녹아있는 작품들은 전술한 사비(泗沘)의 흐름이 이어져 온 것이라 할 수 있다. 이러한 의식의 흐름은 「옻시암」「늙은 감나무」「산유화야 산유화」 등의 작품들 속에서도 찾아볼 수 있는데, 「산유화야 산유화」 속의 작품에서는 "성흥산 아낙네들 돌을 모으고/ 파진산 사내들 칼을 벼른다./ 유왕산 할배들 활을 당기고/ 남당산 할매들 씨앗 뿌"리듯 무(巫) 굿을 하는 혼몽한 의식으로 드러나기도 하며 "고란사 새벽 종소리/ 부옇게 밝아오는 사비성/ 백강 윤슬빛에/ 경치(魚)들이 뛰어오"르듯 "어옹들도 덩실덩실/ 소리 지르며 춤을" 추며 집단 무의식의 원형을 불러오는 '한풀이'를 하는 양상을 보이기도 한다. 거기에 그치지 않고 「십자가」의 작품에서 보이듯 "저녁놀 물든 하늘, 서쪽 끝자락/ 붉게 물든 구름 사이/ 조용히 솟아 있는 십자가/ 마을에서 제일 높은 곳/ 해는 늘 십자가에 매달려/ 하루의 끝을 고백했다." "가슴에 묻어둔 십자가/ 그 작은 흔적으로도/ 내 삶을 반짝이게 한다."(「십자가」 중에서) 하며 작은 몸짓으로라도 한 줄기의 빛이 될 수 있도록 삶의 의지를 세우고자 한다. 「우물」의 작품에서는 그러한 것들이 "밤이면 우물을 바라보며/ 별을 꿈꾸던 앳된 얼굴/ 휘저어 한 움큼 퍼 올린 맑은 물"처럼 "두레박 채 물을 마시면/ 우주의 기운이 솟아나고/ 두드러기 가려움도 잦아들"듯 어머니의 기운으로 다시 서고 "녹슨 경운기/ 먼 기억을 회상하"며 "죄인처럼/ 덜덜거리며 서 있"지만 새로운 기운을 갖고자 한다.

①

도시와 시골의 경계에서
얼치기 농사꾼으로
숨 쉬고 살아요.

우연히
폐타이어 틈에 날아든 채송화 씨앗처럼
꽃도 피우지 못한 채
흔적도, 의미도 없이 지나가는 하루

바람 불어도
소리 한 점 내지 못하는 풍경처럼

허깨비 같은 날들

봄날 오후
고양이 하품 같은
얼렁뚱땅, 대충대충, 설렁설렁
반거충이로 살고 있어요.

그래도
비가 내리면
창가에 매달린 소라껍데기에서
파도 소리를 들으며
깊은 밤
별 하나 불러내
이름 붙이고 시간 보내지요.

가끔은
그날이 올 것 같은
꿈을 꾸면서.

-「그날이 올 것 같아서」 전문

②

찌뿌둥하게 비가 내린다.

한때, 폭포처럼 튕겨 나가던 청춘도
겨울 갈대처럼 흐느적거리는
마른 개울이 되었다.
기운 빠져 짜부라든 가슴에
휑하니 자리 잡은 건 아쉬움뿐

빗방울 튀어 오르는 마루에 걸터앉아
풋나물에 막걸리를 마신다.
취기나 허기를 달래기 위해 마시는 게 아니다.
되살아나는 그리움 때문이다.

탱자꽃 피는 저녁
봄비가 내리면
울타리만 젖는 게 아니다.
물먹은 그리움이
습자지처럼
속절없이 찢어진다.

빗소리에 엎드린 새벽
취한 마음으로 편지를 쓴다.
맑은 연못처럼 훤한
민망한 문장들
버려야 할지, 보내야 할지

봄비처럼
금세라도 누군가 들어설 것 같아
우산을 들면
우중충한 하루가
비린내를 풍기며 지나간다.

- 「비린내를 핥는다」 전문

 전원생활을 하는 중에 쓴 것 같은 위 2편의 시 중에서 ①의 시를 읽고 있으면 벼슬을 버리고 고향으로 돌아가서 자연과 더불어 살며 전원생활의 즐거움을 읊은 도연명(陶淵明)의 귀거래사(歸去來辭)를 꿈꾸고 있는 시인의 바람이 보인다. 시인은 아직 도시를 완전히 떠나지 못하고 "도시와 시골의 경계에서/ 얼치기 농사꾼으로/ 숨 쉬고 살"고 있다고 한다. 그리고 시인은 지금 "봄날 오후/ 고양이 하품 같은/ 얼렁뚱땅, 대충대충, 설렁설렁/ 반거충이로 살고 있"지만 "그래도/ 비가 내리면/ 창가에 매달린 소라껍데기에서/ 파도 소리를 들으며/ 깊은 밤/ 별 하나 불러내/ 이름 붙이고 시간 보내"면서 언젠가는 완전한 '귀거래사'를 완성할 날을 꿈꾸고 있다. 시인은 고등학교 교사로 봉직하며 30년 넘게 아이들을 가르치다가 퇴직하였다. 그 이후 부모님이 살고 계시던 시골집을 재건축해서 보금자리를 다시 꾸며 놓고 도시와 시골을 오가면서 이중생활을 하고 있다. 시인이 꿈꾸고 있는 것은 언젠가는 시골에 온전히 정착해서 전원생활을 하는 것인데, 다만 자연을 즐기며 농부로서만 생활하는 것이 아니라 고향과 선조, 그리고 부모한테서 받은 그 자연의 기운을 생활의 중심에 담고자 하는 삶의 의지가 있음을 보인다.

또 ②의 시 「비린내를 핥는다」에서 독자는 작품 전반의 시 속을 흐르는 삶의 비린내를 맡을 수 있다. 그 비린내를 맡으며 인간의 정이 끈끈하게 느껴지고 사람과 사람 사이에서 느껴지는 애수(哀愁)의 기운들이 비린내로 작동하는 것은 아닌가 하는 생각을 하게 된다. 작품 속을 흐르는 비린내는 "찌뿌둥하게 비가 내"리는 애수(哀愁)의 기운이기도 하고 "겨울 갈대처럼 흐느적거리는/ 마른 개울" 같은 그리움 같은 것인지도 모른다. "탱자꽃 피는 저녁/ 봄비가 내리면/ 울타리만 젖는 게 아니다./ 물먹은 그리움이/ 습자지처럼/ 속절없이 찢어"지고 있다. "봄비'처럼/ 금세라도 누군가 들어설 것 같아/ 우산을 들면/ 우중충한 하루가/ 비린내를 풍기며 지나"가는 것처럼 타자화된 슬픔, 타자화된 그리움이 가슴 깊숙이 꽂히는 느낌의 감동에 젖게 된다.

> 졸린 듯, 만 듯 흐물거리는 그림자
> 산수유 성근 꽃잎 사이로 스멀스멀
> 눈 구경하던 나비 한 마리
> 먹잘 게 없다고 구름 낀
> 사월 하늘로 비켜선다.
> 햇볕 좋은 날 마다하고 바람 부는 날 오시는지

달콤한 혀 속에 독이 든 침
꽃을 찌르고, 구름을 찌르고, 저승 문턱을 찌르고
북망산 떠도는 날갯짓

불타는 장미에 혀를 꽂은 채
뜨겁지도 않은가 봐
춤추는 꽃잎인지, 가지 끝에 걸린 바람인지
날개만 나풀나풀
흔들리는 몸단장에 은분이 날리고
부드러운 더듬이로 꽃 속을 헤집다가
눈 감으면
죽음도 비껴간 고요
고단한 삶 지워버리고
중얼중얼

아버지 제삿날 불타오르는 소지처럼
삼베 허물이 허공 속으로 날아간다.
사라져가는 모든 것들의 슬픈 종말을 위로하듯
날름거리는 혓바닥
육신과 영혼의 경계에는
늘
나비 한 마리 날고 있다.

-「나비의 혀」전문

표제시이기도 한 「나비의 혀」에서는 이승과 저승을 넘나드는 섬뜩한 나비의 이미지가 살아 움직이고 있다. 나비는 그리스어로 프시케라 하며 프시케는 '영혼', '심리', '정신' 등을 뜻하는 말로도 쓰인다. 이러한 전래적인 나비의 이미지가 박계업 시인의 시 「나비의 혀」에서는 시인의 일상과 배면의 심리인 정신세계의 경계를 넘는 이미지로 활용되고 있다. "달콤한 혀 속에 독이 든 침/ 꽃을 찌르고, 구름을 찌르고, 저승 문턱을 찌르"며 "북망산 떠도는 날갯짓"을 펼치고 있다. 마치 저승의 꽃을 헤집는 듯 "부드러운 더듬이로 꽃 속을 헤집다가" "죽음도 비껴간 고요/ 고단한 삶 지워버리고/ 중얼중얼" 거리다가 "삼베 허물이 허공 속으로 날아"가는 나비, "사라져가는 모든 것들의 슬픈 종말을 위로하듯/ 날름거리는 혓바닥/ 육신과 영혼의 경계"에 "나비 한 마리 날고 있"는 것이다. 시인은 나른한 봄날, "산수유 성근 꽃잎 사이로 스멀스멀/ 눈 구경하던 나비 한 마리"를 보다가 자신도 모르게 의식의 경계를 넘어 호접지몽(胡蝶之夢)에 나오는 장자의 나비처럼 자신이 나비의 꿈을 꾸고 있는 것인지, 나비가 자신의 꿈을 꾸고 있는 것인지 모르겠다는 혼몽한 시간 속에서 나비를 통해 이승과 저승의 의식을 넘나드는 경험을 하고 있는 듯하다.

　　덩그러니 드리워진 어둠 속
　　빈집 처마에

촘촘히
집을 짓는 호랑거미

지독한 쓸쓸함과 기다림에도
그 흔한 하루살이 한 마리 없어

간절한 배곯음 속에서
밤이면 별만 잡는
허당 집

짐승의 기억처럼 번들거리는
폼나는 호랑 무늬로 암거미 유혹하지만
가늘어진 목덜미에 비릿한 숨만 차올라
눈은 어둡고 향을 품지 못하는 입

새벽이면
애절한 꿈들이
젖은 이슬처럼 풀어져
축축하게 늘어진 거미줄

아침 햇살에 쪼그라들어
허공 속
제 무덤이 되었네.

-「허당 집」 전문

　'허당'은 땅바닥이 움푹 패어서 다니다가 빠지기 쉬운 곳을 말한다. 무심코 길을 걷다가 미처 생각지 못한 허당을 짚어 넘어지거나 움찔한 경험이 누구에게든 있었을 것 같다. 위의 시「허당 집」에서는 모든 공간을 '허당'으로 보고 있다. 어느 공간을 보며 움찔하며 빠졌을 허당을 떠올린다는 착상이 참으로 참신하다는 생각이 든다. 아마도 그것은 하루살이 하나 없는 적막한 공간에 거미줄을 치고 먹잇감을 노리는 거미를 보며 다소는 어이없음에 그런 생각을 하는 듯 보인다. 그것도 "폼나는 호랑 무늬"를 가지고 있는 거미가 그러고 있으니 코웃음이 절로 나오는 상황이 아닌가 싶다. 거기에 암거미를 유혹하고 싶은 욕심까지 보이다니 참으로 어이없는 상황이라는 생각이 든다. 이러한 상황을 묘사하는 기법은 우리의 전통적인 정서를 끌어내는 골계(滑稽)와 해학(諧謔)의 기법일 듯하다. 시인은 이러한 기교로 아이러니한 상황을 만들어내고 있어 잘 녹여낸 수작(秀作) 같다는 생각이 든다. 그래서 우선 감동이 되었는데 더 들여다보면 볼수록 아이러니한 스토리텔링의 묘미가 더해지는 맛이 있었다. 시인은 시「연꽃의 사유」에서 어느 공간(허공)을 "각기 다른 모양과 색깔을 핥아온 바람은/ 저마다 고유한 향기로 스며들고/ 잎사귀에 미끄러진 물방울은 한데 어울려/ 잠든 먹잠자리 검은 꼬리처럼/ 소리 없는 춤을 추는" 곳이라 묘사를 했는데, 위의 시

「허당 집」에서는 "아침 햇살에 쪼그라들어/ 허공 속/ 제 무덤이 되"는 공간이라 하였다. 같은 공간이지만 어떤 존재의미의 물상들이 어떻게 공간을 차지하고 있느냐에 따라 그 공간의 의미는 크게 달라진다는 것을 말하고 있는 듯하였다.

 이상으로 몇 편의 시를 중심으로 박계엽 시인이 제시한 시적 의미를 대략 짚어보려 하였다. 하지만 모든 것은 그때그때 이 작품을 읽는 사람의 몫이다. 찬찬히 살펴보면서 시인의 시적 세계관을 들여다보거나 작품 하나하나에 배어 있는 시적 묘미를 느껴보았으면 한다. 더불어 이번 세 번째 시집을 계기로 박계엽 시인의 문운도 더욱 창대해져서 보다 많은 독자와 함께하기를 기대한다.